“双主式”语文教学

——一种良性循环的教学

任　虹　著

天津大学出版社
TIANJIN UNIVERSITY PRESS

图书在版编目(CIP)数据

“双主式”语文教学：一种良性循环的教学 / 任虹著. -- 天津：天津大学出版社, 2024.1
ISBN 978-7-5618-7596-4

Ⅰ. ①双… Ⅱ. ①任… Ⅲ. ①中学语文课 - 教学研究 Ⅳ. ①G633.302

中国国家版本馆 CIP 数据核字(2023)第 176084 号

出版发行	天津大学出版社
地　　址	天津市卫津路 92 号天津大学内(邮编:300072)
电　　话	发行部:022-27403647
网　　址	www.tjupress.com.cn
印　　刷	北京虎彩文化传播有限公司
经　　销	全国各地新华书店
开　　本	710mm × 1010mm　1/16
印　　张	13
字　　数	229 千字
版　　次	2024 年 1 月第 1 版
印　　次	2024 年 1 月第 1 次
定　　价	55. 00 元

自序

从教25年来，自己一直追求与探索着更有效的教学模式与方法，因为我相信教与学一定有规律，因材施教一定有方法。我以爱和真待生，用智与乐教学，享受课堂教学的快乐，享受与学生一起快乐学习成长的乐趣。我相信，这些朴素的想法和做法与广大教师是一样的！

由此，我一直寻找探索着教学规律与方法，寻找探索着教学成绩突破和超越的规律与方法，寻找探索着解放学生、让学生学得自主快乐和高效的规律与方法，寻找探索着提高学生核心素养、成就学生幸福人生的规律与方法，寻找探索着解放教师、让教师快乐教学、富有成效、成就教师幸福教育人生的规律和方法……还好，在这一路的追寻与执着探索中，自己终于找到了一个解放师生、快乐而富有成效的教学路径和方法，一个成就学生终身学习与发展、成就教师幸福教育人生的路径和方法，即"双主式"语文教学。

回想刚刚开始教学时，自己满怀着美好憧憬，激动而又忐忑地走上讲台，望着那些陌生而亲切、朴素又纯真的面庞和那饱含美好期望的眼神，我就暗下决心，一定要教好他们，一定不辜负他们、他们的家长和学校的期望。因此，我认真备课，积极参加教研，虚心向学，虚心听课，虚心请教老教师，虚心学习专家、名家的教育教学思想和经验，积极借鉴和融入先进的教学理念、教学模式和教学方法，并积极摸索实践和创新融合；认真细致批改作业，耐心辅导学生，确保学生学习落实到位，确保学生落实每天、每周、每月和每学期所学，确保日积月累、量变质变的学习进步，养成学生良好的自主学习习惯，增强学生自主学习的自信和能力；积极参加和主持各级教育教学科研课题，从中提高自己教育教学理论水平和教育教学实践能力，让自己站高看远，心中有方向、有目标，脚下有路径，手中有抓手、有方法。总之，我是积极认真做好教学的全部环节，一心想把自己的教育教学成绩搞上去。

考试成绩出来了，自己总算松了一口气。看着学生们的进步，自己也有了些许欣慰、自信和成就感。就这样，日复一日，年复一年，我和学生们充满信心和希望，一起努力和坚守着，拼出了一个又一个满意的成绩。

但是，欣慰之余，在看到一些优秀教师、教学名家的教学案例，细细体会着其中的教学理念、方法和成效后，我又感觉到了自身的不足，明晰了探索方向和追求目标，找到了发展空间，由此开始了自己近二十年来的教学探索与实践创新。

我开始反思和自问，反思自己的教学过程，反思学生的学习过程、学习所得、学习的良性循环和能力生成，反思自己的努力和付出，深感自己的教学还有许多需要改进和突破的地方，如在教学过程的哪个环节上还能再完善、做得更完美？在“教”和“学”上能否更轻松些？能否让学生学得更自主更有效、生成可持续的学习能力、形成良性循环的教与学？能否进一步提高学生的学科核心素养和综合素质？

从此，我更注重在平时教学中对学生学习兴趣的培养和学习方法的指导，注重学生阅读与写作训练，注重学生朗诵与演讲表达训练，使学生生成学习语文的兴趣、能力和自信；然后便开始了生本教育的实验探索，注重了学生学习自主性的激发和调动，课堂上突出了以生为本，以学生的自主学习为本，放手学生，积极搭建和营造培养学生自主、合作、探究学习方式的平台和教学氛围，注重课堂生成的效果。后来我参加了国家级科研课题“高中生自主学习能力培养与习惯养成”，在原有教学实践的基础上，进一步注重培养学生自主学习能力，使学生的自主学习更有效并形成良性循环。

随着自己教学实践经验的不断积累和学习探索，我渐渐感悟到课堂教学中学生自主学习的有效性需要课堂教学的民主性支撑，教学的本质应该是为学生提供民主的学习氛围和有利的自主学习环境，让学生自主快乐学习和成长，培养学生自主学习兴趣和能力，不断提高学生学科素养和综合素质，形成良性循环的教学。自己深感，教学中的民主为学生自主个性化学习发展提供了根本性的适切环境。由此，我形成了自己在教学中创设民主的教学氛围，以及给学生自主学习的时间、空间的“双主式”语文教学思想理念与模式方法的雏形。从此我开始了“双主式”语文教学的探索实践与升华。

反思过往，一路走来，我从开始单纯地追求教学成绩，到注重培养学生的核心素养；从最先的教师讲学生听，到在课堂中多提问题，让学生思考表达；再到以学生为本的“生本”教学突破；又到培养学生自主学习能力的探索；再到现在“双主式”语文教学的探索与实践——注重学生自主学习能力、核心素养、良好学习习惯、正确的思想价值观和民主意识与素质的培养等。这其中，我充分感受到了教学过程中的快乐，充分感受到与学生在一起思维碰撞与课堂生成的快乐；看到了学生们在自主合作探究学习过程中的快乐学习、智慧碰撞和“双主式”教学下的自我放飞，看到了学生们的学习能力生成和进步成长，还有思想情感上的积极阳光。尤其是他们走进高校、走进社会的素质表现和良性发展更令人无比欣慰。

关心我的人说我太要强、太辛苦，我内心充满感激。但是，我也感觉作为教师，教学上的勤奋刻苦和付出是必须的、应该的、正常的，是教师不断夯实基本功、不断提高工作效率、不断创造教学成果和不断超越自我的必然过程。夯实基本功、提高工作效率和不断创造教学成果是成就学生，也是自己快乐自信工作的必然过程。我深感在不断的教学探索与实践的过程中，需要的是信念与理解支持；需要的是执着与坚守；需要的是耐心与淡定，不急于求成，耐住性子，沉下心来，心平气和，心甘情愿，不急躁，不气馁；需要的是坚持点点递进，看到进步，看到希望，看到学生们的快乐自主学习和良性循环发展，充分享受工作中教学相长的快乐和幸福，尤其是学生们给我们的快乐和幸福，他们的快乐、他们的进步、他们的超越升华和他们朴素的爱所给予我们的快乐和幸福。

自己深信，进步需要自我否定、勇于自我否定，这样才有自我挑战和自我超越。

追求教学理想，永远在路上。挑战和改变自我一定是会有压力和困难的，也可能是会有误解和阻力的。但是，我们只有坚持探索与实践，并注重团队智慧和力量，赢得信赖和支持，不断改变和完善自己，才能在挑战中超越和升华自我，才能有在教学上的良性循环发展，才能走向更从容、快乐和解放的教学境界。我坚信在正确理论指导下的改变、探索实践和升华，一定会带来自己教育人生的一路播种，一路向阳，一路生花！

目录

第一章　“双主式”语文教学探索与生成

第一节　“双主式”语文教学探索动力

一、时代发展的动力

当今世界，科技进步日新月异，国际竞争日趋激烈，科技进步和创新驱动成为当今世界的综合国力重要因素，人才越来越成为推动经济社会发展的战略性资源，源源不断的人才资源是我国在激烈的国际竞争中的重要潜在力量和后发优势。

教育决定着人类的今天，也决定着人类的未来。教育是民族振兴、社会进步的重要基石，教育必须担负起提高人民综合素质、促进人的全面发展、增强中华民族创新创造活力、实现中华民族伟大复兴的伟大使命。要完成这一伟大使命，教育必须立德树人，培养全面发展的人，培养具有创新思维和创造能力的人才。因此，教学改革必须对接和落实时代发展的要求。

创新型人才一定是在民主、自主的沃土上才会茁壮成长。陶行知在《创造的儿童教育》里说：“在民主生活中学民主。专制生活中可以培养奴才和奴隶，但不能培养人民做主人。”因此，要培养具有民主精神的人，教育首先就要给学生营造民主、自主的成长环境，尤其是营造民主、自主的课堂气氛，让他们敢于乐于表达自己的思想见解，敢于向权威说“不”，培养学生们的批判性思维，为培养创新型人才奠定良好基础。

随着社会文明的进步、网络时代的到来，培养人的自主性、尊重人的自我选择与价值取向和发展个性特长与人格品质逐渐成为一种共识，成为时代与社会进步的必然要求。网络时代的线上线下学习平台，给予学生更多的学习与发展的自主选择权，更给予学生自主学习与自主发展的广阔空间。因此，培养学生的学习与发展自主性，不仅是有效教与学的根本规律，更是为学生的未来发展奠定重要基础。我们作为教师就要责无旁贷地肩负起落实教育与对接时代发展要求的责任，就要在平时教育教学过程中，注重激发和培养学生的民主意识和自主性，创设民主、自主的学习课堂，以培养学生的自主发展能力和创新能力，发展学生个性特长，健全完善学生的人格品质，培养全面发展的人。

二、新课程改革的动力

2017 年新课程改革方案中明确提出普通高中的培养目标是进一步提升学生综合素质，着力发展核心素养，使学生具有理想信念和社会责任感，具有科学文化素养和终身学习能力，具有自主发展能力和沟通合作能力。① 在课程方案精神的指导下，《普通高中语文课程标准（2017 版）》（以下简称《课程标准》）明晰了高中语文教学目标是培养学生的核心素养，具体提出语文学科的四大核心素养（语言建构与运用、思维发展与提升、审美鉴赏与创造、文化传承与理解）。②而四大核心素养中每一素养的培养都根源于学生的自主性。没有学生的主动阅读学习，积极思考表达，勇于实践探究，学生的语文素养就是水中月，雾中花，永远不会落地生根。由此可以看出，语文学科核心素养的根本是学生自主学习与创新发展的能力。

新课程观的核心理念是：教育必须以学生发展为本，教学应积极倡导

①中华人民共和国教育部．普通高中语文课程标准：2017 年版 [M]. 北京：人民教育出版社，2018.

②中华人民共和国教育部．普通高中语文课程标准：2017 年版 [M]. 北京：人民教育出版社，2018.

和实施学生新的学习方式，即自主合作探究的学习方式。

在新的学习方式中，教学由教师过去的“独白”变为师生“对话”，从先前的教师为主角变成了教师与学生双主角，整个课程教学必须保障学生充分的话语权。因此教师必须树立正确的教育理念，树立以学生为本的教育观，即一切为了学生，热爱学生，尊重学生，放手学生，关注学生各方面的成长。为此，教师必须打破传统教学中的“课堂中心、教材中心、教师中心”，努力与学生构建民主平等关系（平等的沟通合作关系），并积极为学生创建一个自主、探究、合作交流的学习环境，创设轻松自然、融洽和谐的学习氛围，激发学生兴趣，从而促使学生主动、创新地发展，实现学习方式的转变。学习方式是一个组合概念，是学生在教学活动中的主动参与方式，包括行为参与、情感参与或认知参与、社会参与的有机结合。学习方式的转变不仅有认知和技能领域，还包括情感。为此教师应向学生渗透积极的情感，将学习主动权还给学生，将独立思考时空留给学生，将自主实践交给学生，关心学生的内心需求，尊重学生个性差异，激发学生自主参与学习活动，帮助其找到适合的学习方式。

新的学习方式是教学上质的跨越。在传统的课程教学中，学生的学习常常是依赖教师的，是在教师主导控制下进行；学习过程主要是被动接受，学习的内容是以定论的形式出现的书本知识为主。而在新的教学课程中，学生的学习需要以自己已有的认知结构和认知方式为基础，能动地对学习的对象进行辨别、筛选、加工与改造，以主动的方式将知识吸纳到自己的认知结构中。此时，学生的学习不再是被动接受与认同，而是独立思考和探究的过程。在这个探究学习过程中，学生在教师引导下，参与教与学的全过程，甚或成为教与学全过程中的主角之一，主动地去发现、探索和解决问题，获得知识与技能，并潜移默化形成正确的情感态度价值观和核心素养。学生不再仅仅是知识的接受者，而是转变成了知识的发现者、探究者。可见，在新课程的实施过程中，学生的学习方式应努力实现由接受学习向自主探究合作学习的转变。自主探究合作学习强调了学生学习的问题性、过程性、开放性，有利于提高学生的学习兴趣，从而形成学生内在的学习动机和批判思考的习惯，这样才能在实践中充分发挥学生的主动性、积极性和创造性，真正让学生成为学习中的主导者，充分体现出学生的学习主动性、自主选择性和自主合作探究性，从而顺利推进新课程的实施与发展。

如何将新课程改革要求和培养学生核心素养要求有机有效落实在课堂教学之中，这是对课堂教学最直接的必然要求。这就要求高中语文教学必须以学生发展为本，遵循教学规律、学生身心发展规律和学习规律，积极创设民主教学氛围，充分激发学生学习与发展的自主性，注重学生自主学习、合作探究学习、感悟体验学习，在语言建构与运用中促进学生的思维发展与提升、审美鉴赏与创造、文化传承与理解，注重养成学生的自主学习习惯、独立思考习惯和自主学习能力，全面有效培养学生的语文核心素养。

三、探索教学规律与教学实践的动力

孔子在《论语·述而》中提出“不愤不启，不悱不发”，反映出了一种教学规律，即学生如果不是经过冥思苦想而想不通时，就不去启发他；如果不是经过思考并有所体会，想说却说不出来时，就不去开导他。因此，在教学过程中，应该先让学生积极思考、讨论，产生思维的碰撞，再进行适时启发，即教师教学的启发应该在后，学生的自主学习应该在前。我在平时的教学探索与反思中，也深有这样的体会和感悟。因此，以自主学习为根本教学的实践探索更加成为自己坚信的教学理念。

在不断地教学实践探索和反思中，自己越发觉得课堂教学亟需“学生自主发展、师生共同学习成长”的民主和自主教学氛围；感悟到培养学生的自主学习能力和自主性是培养学生核心素养的根本点，创设民主、自主的教学氛围和平台是培养学生自主学习发展能力的前提和保证；深感高中语文有效教学的规律之一是坚持教学民主与学生自主的有机结合。

第二节 国内外关于民主与自主教学研究的支撑

一、国内研究的支撑

我国关于自主学习的研究始于1979年前后。当时出现了以指导学生自主学习为目标的教学实验，如中科院卢仲衡主持的“自学辅导教学”实验研究、魏书生实施的“六步教学法”实验、钱梦龙进行的“导学教学法”研究等，以及邱学华和黄勇编著的《邱学华尝试教学法简明读本》、李敬尧、韩树培编著的《导学式教学体系》。所有这些教学实验和著作都把“自主学习”作为教学的主要环节，这是自主学习研究的实践基础。

余文森教授认为，自主学习是指学生自己主宰自己的学习，是与他主学习相对立的一种学习方式。华东师大庞维国在其《自主学习：学与教的原理和策略》一书中，论述了自主学习的心理机制问题、自主学习策略的问题、自主学习能力发展的问题等。他还提出了合作学习是集体性自主学习的观点、最近发展区的具体性和自主学习教学指导的一般模式，给出了自主学习的专门测试工具。他认为，对自主学习的研究可以通过理论、试验、测验、观察和行动研究等方法展开。①

关于民主教育、民主教学的研究。通过查阅资料，我发现在谈到教育与民主这个问题时，人们往往谈“教育民主”或狭义的“教育民主化”的时候多。也就是说，教育民主要解决的问题，是尽可能普及教育，让更多的人接受教育。

国内涉及此项研究且有影响的是李镇西的《民主与教育》。书中的“教育民主”除了指教育者应该具备的民主思想以及在教育过程中应该体现出

①庞维国．自主学习：学与教的原理和策略[M]. 上海：华东师范大学出版社，2003.

的民主精神外，更多的是指教育者在教育过程中对学生所进行的一系列有关民主精神价值的教育。[②]

随着社会的进步，当教育民主越来越成为现实，当我们面对程度越来越高的“教育民主化”（“教育平等”）时，我们就不能仅仅满足于教育的普及，即“教育民主”，而应同时考虑教育教学方式的民主表达，即“民主教育、民主教学”。

二、国外研究的支撑

在国外自主学习的研究是从20世纪50年代开始的，自主学习成为教育心理学研究的重要课题。以斯金纳为代表的操作主义理论认为自主学习本质上是一种操作性行为，该理论强调外部环境对自主学习的制约作用；以弗拉维尔为代表的认知建构主义学派认为自主学习实际上是元认知监控的学习，通过直接教学、采用同伴辅导和学习问题讨论、开展合作学习，以促进学生的自主学习能力；而美国自主学习研究的著名专家齐莫曼教授则从学习的物质环境、学习的社会性等六个方面对自主学习的实质做出了论述。

关于民主教育相关的研究。在国外，人们更关注的是“教育平等”，即“教育民主化”。自20世纪60年代以来，“教育民主化”成了世界教育改革的主流。杜威的《民主主义与教育》一书，全面阐述了他的实用主义教育理论，而他所说的民主指的依然是教育的平等。

总之，从以上研究成果来看，许多研究者都是分别围绕着“自主”或“民主”做了大量理论探讨和实验研究。但是国外的大多数研究偏重理论，没有对自主学习过程进行详细的描述，没有从动态角度阐述白主学习的内在机制，已有的研究成果还不能很好地为基础教育实践提供切实的理论指导和技术支持；国内的研究多数是在自主教育改革实验中，从教学模式、

②李镇西．民主与教育[M]．桂林：漓江出版社，2007.

教学结构等方面探讨自主学习，对学生自主学习能力培养方面还缺乏比较全面深入的研究。

理论源于实践，并在实践中不断深化和升华。在教学实践和改革中，我提出的“双主式”语文教学，是在民主教学环境下，立足于对学生语文核心素养培养的一种教学思考和教学模式。我深感这是我国课程改革和新高考改革发展的必然趋势，是我国课改、教改理论与实践的一种追求和升华。

新一轮课程改革的核心理念是以学生发展为中心，培养学生的核心素养。那么学生的核心素养培养和可持续发展靠什么？我的体会是自主学习的本领，而自主学习的保障就是“民主教学”。从我查到的有限资料看，还没发现将“民主”与“自主”放在一起研究与实践的先例；但是教学第一线却亟需“创设教学民主、激发学生自主”的课堂教学理念和模式。因此，我希望通过“立足核心素养的‘双主式’语文教学研究与实践”向新课程改革更深处漫溯，进一步探索高中语文教学规律，将语文核心素养培养有效落地，为同行提供一个有效的教学实践视角。

第三节　“双主式”语文教学探索与生成

“立足核心素养的‘双主式’语文教学研究”是我经历了一个近二十年的语文教学实践与探索过程的生成性成果。自己从反思语文教学，到不断探究语文教学创新实践，到逐步形成自己“双主式”语文教学的理念、模式的过程，大体可分为初步认识、深入探索和基本定型阶段。

一、反思语文教学，探索语文教学创新的突破口

在教学实践的初期，自己的教学观念就是如何将知识讲明白、讲透彻，如何把课上得精彩。由于缺乏经验，自己便积极向老教师求教，经常去听

课学习；但是过了一段时间后发现，照着老教师的方法去上课，的确很顺畅，但总感觉课堂上缺少生机与活力，并不能达到很好的效果。苦恼和反思了一段时间后，我感悟到原来自己只是生搬硬套，并没有真正学到优秀教师上课的精髓，同时在方向上有所偏颇，觉得只要备好课，能讲得精彩讲得透彻，学生就会学好，成绩就会优秀；而实际并非如此，如果老师缺少对学情的了解，在课堂缺少学生的自主参与，即使老师讲得再怎么天花乱坠，得到锻炼和提升的都是老师，而学生只是看客、听客而已。实践中，我感到语文课程一方面必须充分激发学生自主性，创设“民主、自主”的教学氛围和学习平台，激活课堂，相信学生，放手学生，依靠学生，解放学生，充分培养学生的自主学习和发展能力，从而提高学生的核心素养；另一方面，必须解放教师，创造学生自主有效学习和师生共同学习、共同健康成长与发展的活力课堂，构建教学民主、学习自主的“双主式”语文教学。

为此，我广泛收集国内外关于有效教学策略的相关文献资料，进行梳理分析，作为研究的借鉴；积极借助课题研究深化与升华教学实践与创新成果，开展立项课题研究，初步制定研究方案，确定人员，做好课题的分配工作，落实每项研究任务，召开课题开题会，定期开展教学理论学习、课题研讨和交流，解决实践中出现的问题；同时，注重将学习研究成果不断融入教学实践之中，一边学习研究，一边反思对照和梳理体会，一边改进和完善教学实践，确保课题研究与教学实践创新的科学性和有效性。

二、深入探索与实践的过程

1. 生本教育研究实践阶段

2008 年 10 月，生本教育走进了我的教育教学生活。这令自己教育教学实践和探索豁然开朗，使自己有了教育教学理念上的升华和更加坚定的教学改革信念，从而开始了自己尝试实践生本教育的教学改革之路，开始探索一条学生“自主、合作、高效、快乐”的学习之路。

我边学习生本教育理论，边实践生本教育理论和模式；同时注重与教研组同仁组成实践研讨团队，开展生本教育教学实践研讨活动；组织研讨课和观摩课，师生共同研讨学生学习效果、思维能力的培养、可持续的学习力生成等影响课堂教学效率效果的根本性问题；开展学生学习培训活动，不断改进和完善生本教育的教学实践，积极有效实施生本教育。

生本教育突出以学生为本，以学生自主学习与发展为本，以学生学情为前提、“自主合作探究”为主要学习方式和学习过程，开展丰富多彩的教学活动。[①]

在生本教育教学过程中，我们组织学生课前前置学习、小组讨论、成果展示、答疑训练和总结。充分相信学生、充分放手学生、充分依靠学生，这如同给了学生一缕阳光，激发了学生学习热情和潜能，激活了课堂，激扬了学生青春活力，一改课堂教学学生被动的“填鸭式”学习状态，把学生的“学”放在教学的核心位置，充分给学生自主学习体验和感悟。我们找到了学生自主快乐学习、合作探究、体验成功的教学模式，学生学习热情和学习成绩也显著提高。

生本教育课堂有效激发了学生学习兴趣、思维深度和学习潜能，激活了课堂，但是也出现了一系列的问题。最主要的是引导学生去思考、去讨论、去讲解，课程推进得太慢，一节课下来总是完成不了预期的进度。因此，课堂上很容易出现学生正表达自己的观点，老师看与自己的标答相差太远，便抢着学生的话讲下去。久而久之，学生积极性被打击，老师也就急着赶进度又回归老样子：这是开始实施生本教育中最普遍的问题。就此，我们请教生本教育创始人郭思乐教授。他说这是正常的现象，学生多少年来已经习惯被动听课而不是主动参与学习，所以在思考力、表达力方面均需慢慢培养，只要训练出来后，教学进度根本就不是问题，学生的自学能力超强。就像学骑自行车和学开汽车一样，前者肯定比后者容易学，但是当你学会

①郭思乐．教育走向生本 [M]. 北京：人民教育出版社，2012.

开汽车后，二者的速度是不能同日而语的。我便是在这种由希望到动摇再到坚定的改革历程中，坚持了下来。并且确如郭教授所说，学生的自主学习能力形成后，一切问题都迎刃而解。生本教育提高了学生“自主学习、合作探究学习”的积极性，取得了良好的教学效果和突出的教学成绩，同时也使我形成了“激发自主、深度思维、放手探究、培养能力”的教学风格。2010年6月，在本地区生本教育现场会上，我做了示范观摩课和经验介绍，得到郭思乐教授的高度评价及与会领导、同仁的一致好评，积极推动了学校及本地区的生本教育和课堂教学改革。

2. 自主学习等课题研究阶段

我没有满足生本教育实践成果而保持现状，而是继续探索实践，进一步深化和扩大生本教育的实践成果。在生本教育实践基础上，我开始了国家“十二五”科研规划重点课题《高中生自主学习能力培养与习惯养成策略研究》的实验，同时还主持和参加国家级《励志教育》《校园文学与语文学法改革研究》和省级重点课题《如何激发高中语文自主学习的策略研究》等研究。

生本教育突出学生学习与发展的自主性，尤其是学生自主学习能力的培养。因此，高中生自主学习实施策略课题研究与生本教育理念高度一致，是对生本教育实践的具体深化。

由此，我开始了对学生课堂上学习过程的重新反思，与团队老师及学生共同探讨有效自主学习的规律、方法和经验，并设计和开展相关问卷调查，对问卷结果进行深入系统地分析，进行归纳总结；注重师生对每次考试试卷的深入研讨分析，充分捕捉学生学习上的进步和努力就能够解决的学习问题，尤其是要准确找到学习问题的症结所在，然后梳理提炼学生高效自主学习的习惯、方法和经验教训，形成了高效自主学习规范，以养成学生高效自主学习习惯，从而生成高效自主学习能力。

我将自己的课题研究成果融入课题组研究成果之中，纳入了课题组研究成果《自主学习与实施策略》一书之中。

3. 形成“双主式”语文教学雏形阶段

随着生本教育与自主学习能力培养有机结合的深入探究和实践，我越发感觉教学民主是课堂教学中学生自主、和谐学习与发展的重要影响因素；教学民主是生本教育的前提，是有效培养学生自主学习与自主发展能力的前提。我还深刻感受到在课堂教学中，教师应该进一步增强师生教学民主意识，不断提高教师自身教学民主自觉性，真正尊重学生，真正相信学生、放手学生和依靠学生；同时，学生同样需要增强民主意识，尊重同学、尊重他人，学会倾听与交流；尤其是注重给每一名学生表达交流的机会，增强学习基础弱的学生的学习自信心，形成真正的学习探讨交流，在民主与平等的对话中勇于表达自己的见解，在尊重与被尊重过程中体现成熟和自主，在倾听与交流过程中感受到“人人皆有所长和所短”，在民主自主探讨中碰撞智慧、升华思想。

有了这种越发深刻的感觉和思考后，我们就自然从原有的教学实践过渡到“双主式”语文教学的探索实践中来。

在“双主式”语文教学研究实践中，我们得到了积极回馈，那就是：教师自身在教学上体会到的解放感、驾驭感、愉悦感和成就感，学生们的自主学习、合作探究和学会尊重倾听表达等核心素养的表现，课堂教学的良好氛围和效率效果，教学成绩的进步提高。正如克莱恩所说，“一旦我们开始根据人类的天性做事，过去认为复杂的事也都变得简单。”

三、“双主式”语文教学的生成

这一阶段主要目标任务是整理资料，撰写研究报告、论文等，为推广研究成果做好准备。两年来，我带领自己的语文工作室团队开展了较为深入的研究，还聘请了天津市教育科学研究院、天津师范大学等高校和科研部门的领导、专家担任本课题研究的领导小组顾问，以加强对该课题研究的指导，使得该研究获得了良好的成果。

“双主式”语文教学的实践探索使原有的教学理念得到深化和升华，使语文课堂教学有了新的生机和活力，使实践教师的课堂教学有了进一步的从容和坚定。实践教师愈加民主，坦然放手，学生欣然的自主学习与发展。学生们更是感受到了“民主、和谐、自主、合作、快乐”的课堂学习氛围，增强了尊重他人的意识，学会了倾听他人的表达，学会了“交流中尊重与倾听、交流中自主与碰撞”的民主平等交流方式。学生们不论学习成绩如何、不论思考的问题是否正确，都能敢于自主表达，都有了一种学习小组的精神归属感、个人自我价值体现的自信感和成就感。课堂上，“自主合作探究”成为学生在课堂教学中的主要学习方式，学生们都愿意为小组和班级贡献自己的学习成果、学习方法，供同学们参考。因此，同学们课后的及时复习巩固和课前思考也都很自觉完成，学习能力和学习成绩都得到了进一步的提高。

随着“双主式”语文教学实践的不断深入，“双主式”语文教学的基本理念、教学模式、实施原则和实施策略也不断形成和完善，“双主式”语文教学实践更加规范、深入，走向科学可持续发展阶段。著名教育家夸美纽斯在《大教学论》中写下了他的教育理想：“要找出一种教育方法，使教师因此可以少教，但是学生可以多学；使学校因此可以少些喧嚣、厌恶和无益的劳苦，独具闲暇、快乐及坚实的进步。”我坚信，“双主式”语文教学能实现这样一种教育理想，也能达到这样一种教育境界。

第二章　什么是“双主式”语文教学

第一节　“双主式”语文教学基本内涵

“双主式”语文教学，是指在语文课堂教学中，教师以学生为本，立足语文核心素养培养，积极营造师生民主平等的课堂教学氛围，精心设计问题情境，创设学生自主合作探究学习平台，实现既民主又自主的“双主式”课堂教学理想状态的一种教学理念和教学模式。简言之，即教师创设教学民主情境氛围，实现学生学习自主的“双主式”语文课堂教学。

“双主式”语文教学以教学民主为前提和基础，突出学生学习自主，两者相辅相成，不可或缺。教学民主是以课堂上学生的自主为目标，即教学民主是课堂上学生自主的环境、土壤和平台；学生自主是教学民主的目的，两者是辩证统一的关系。

著名教育家陶行知提出：创造力量最能发挥的条件是民主。在长期的教学实践中，只有树立民主作风，在教学中创建和谐、民主、平等的师生关系、生生关系，才能真正形成良好的教学氛围，使学生的人格和创新思维得到良好的发展，达到教书育人的目的。事实上，师生是学习共同体，更是成长共同体和发展共同体，而教学民主恰是师生和谐健康共同成长与发展的土壤、环境和平台，可以说没有教学民主就没有学生真正的学习自主和发展自主。同时，师生的健康成长都需要民主、自主意识和精神。因此，无论从培养学生语文核心素养上看，还是从培养学生的终身学习与发展上看，甚或从教师专业发展与幸福工作上看，“双主式”语文教学都是一种积极有效的教学模式，而选择“双主式”语文教学也是课堂教学改革发展的一种必然。

第二节　“双主式”语文教学基本特征

“双主式”语文教学的基本特征有以下四点。

1. 紧紧围绕两“心”

紧紧围绕两“心”即立足于学生语文核心素养的培养，以学生自主发展为中心。

2. 遵循规律，突出“双主”

遵循规律，突出“双主”即以先进的教育教学理论为依据，遵循教学规律、学生身心发展和学习规律，突出教学民主性和学生学习自主性，即“双主”，设计和组织教学活动。

3. 创设“六步”，实施“双主”

创设“六步”，实施“双主”即教师按“前置任务、因材导学、自主学习、合作探究、质疑解惑、反思提炼”六步教学环节，充分创设“自主、民主”的学习氛围和平台。充分尊重学生、相信学生、放手学生和依靠学生，激发学生学习自主性，着力培养学生“自主、合作、探究”的学习方式。

4. 共识共建，生成合力

共识共建，生成合力即注重构建师生共识共建、一起成长、共同学习的课堂学习理念，创新设计和开展教学实践活动，以积极适切的教学评价鼓励引导学生养成“自主、合作、探究”的学习方式，培养学生自主学习能力和语文核心素养。

综上所述，“双主式”语文教学更体现出以学生自主发展为本的教育理念，激活了学生自主意识、独立思维和民主合作探究意识，放飞了学生的思维，使学生充分体验到了“自主、合作、探究”式学习的乐趣，感受到思想碰撞生成智慧的喜悦，有效生成了以学生发展为中心的自主高效学习的课堂。

第三节 “双主式”语文教学理论基础

“双主式”语文教学的理论依据是人本主义、认知主义、建构主义等现代学习理论。

一、人本主义学习理论

人本主义的学习观强调学习中人的因素和以学习者为中心，相信学生的本性是好的，是积极向上的，相信任何正常的学习者都有能自己教育自己、发展自己的潜能，学习者的需要、情感、意愿必须得到充分重视与满足。

正是因为人本主义的学习观强调学习中人的因素和以学习者为中心，“双主式”语文教学以教学民主为基础和前提，营造“师生”“生生”和谐、民主、平等的教学氛围，创设自主学习平台，积极实践“强调学习中人的因素和以学习者为中心”的理念；正是因为“相信学生的本性是好的，是积极向上的”“相信任何正常的学习者都能自己教育自己，发展自己的潜能”和“学习者的需要、情感、意愿必须得到充分重视与满足”，“双主式”语文教学以教学民主为前提和基础，充分尊重学生、相信学生、放手学生和依靠学生，达成学生自主学习的目标，因此，人本主义学习观是“双主式”语文教学的主要理论依据。

二、认知主义学习理论

认知主义学习理论的基本观点是：人的认识不是由外界刺激直接给予

的，而是外界刺激和认知主体内部心理过程相互作用的结果。根据这种观点，学习过程被解释为每个人根据自己的态度、需要和兴趣并利用过去的知识与经验对当前工作的外界刺激（例如教学内容）做出主动的、有选择的信息加工过程。教师的任务不是简单地向学生灌输知识，而是首先激发学生的学习兴趣和学习动机，然后将当前的教学内容与学生原有的认知结构有机地联系起来。[①]

认知主义的学习观首先强调教学必须以学生为中心，关注学生在学习中的主体地位，重视学生已有的知识结构；其次，布鲁纳的认知发现说强调学生通过教师指导自主地发现事实、理解概念和原理。

事实上，人本主义学习理论和认知主义学习理论虽然研究发现学习规律的视角不同，但是都有一个共同的根本点，那就是以学生为中心，突出学生学习的主体地位，突出学生自主学习。

“双主式”语文教学以学生学情为基础，以教学民主和创设教学情境为平台，激发学生学习兴趣和自主学习积极性，注重知识联系、发现、提问和共同探讨，培养学生自主学习与发展能力，培养学生语文核心素养。因此，认知主义学习理论是“双主式”语文教学的重要理论依据。

三、建构主义学习理论

建构主义认为，学习是学习者在已有知识经验的基础上建构知识。建构主义不但强调尊重个体差异，也重视教师、环境、人、物等因素在教学中的作用。

“双主式”语文教学在教学民主和学习自主基础上，以“前置任务、因材导学、自主学习、合作探究、质疑解惑和反思提炼”等教学环节培养学生自我建构知识体系的能力，同时充分尊重学生的个体差异，充分发挥着课堂教学中人与环境对学生的积极影响。因此，建构主义学习理论是“双

①皮亚杰．发生认识论的原理 [M]. 北京：商务印书馆，1981.

主式”语文教学的重要理论依据。

四、实用主义教育理论

杜威的实用主义可称为新的“三中心论”。以经验为中心，他认为，“知识不是由读书或人解疑而得来的结论”，“一切知识来自经验”。以儿童为中心，实用主义反对传统教育忽视儿童的兴趣、忽视儿童的需要的做法，主张教育应以儿童（或者说受教育者）为起点。以活动为中心，他提出：“学校主要是一种社会组织。教育既然是一种社会过程，学校便是社会生活的一种形式”，让学生从实践活动中求学问，即“做中学”。

“双主式”语文教学突出学生学习自主性的培养，注重课堂上的情境教学，用语文学习活动、任务引领学生沉浸在情境中，体会、体验人物的情感和思想发展过程，从而形成自己的体验和判断。因此，实用主义教育理论是“双主式”语文教学的重要理论依据。

五、发现学习理论

美国著名教育家布鲁纳提出了发现学习理论。他认为，学生的认识过程与人类的认识过程有共同之处，教学过程就是教师引导学生发现的过程，“学习就是依靠发现”。

“双主式”语文学习不是采用接受式的学习，而是采用自主的发现式学习。在学习的开端，学生就问题解决形成见解，然后通过各种探究活动以及所收集来的资料对所提出的见解进行讨论验证，不断地生成新的问题和思考，最后形成解决问题的结论。

总之，正是受到以上学习理论、研究成果和新课程理念的启发和深刻影响，加之自己多年教学探究实践的体会和经验，我形成了“双主式”语文教学基本理念、教学模式，取得了理想的教学成果。

第三章 “双主式”语文教学实施

第一节 “双主式”语文教学实施原则

一、根本性原则

以学生为本，以学生自主发展为本，以立德树人为根本任务，以培养学生核心素养为中心的根本性原则。

二、前提性原则

思想先行，理念先导，师生理念共识的前提性原则。

三、科学性原则

遵循学生身心发展规律、学习规律和教学规律的科学性原则。

四、主体性原则

以学生自主学习为本，尊重和培养学生自主性，充分相信学生、放手学生和依靠学生的主体性原则。

五、民主性原则

实施民主教学，营造师生、生生的平等和谐关系，解放学生，创设学生自主合作探究的学习课堂的民主性原则。

六、实践性原则

坚持学以致用、有机融合教学实践活动的实践性原则。

第二节 “双主式”语文教学实施策略

一、尊重学生，理念先导，师生共识策略

思想是行动的先导，师生达成“双主式”语文教学理念共识是有效实施“双主式”语文教学的前提和基础。为此，我们积极以学生培训、教师培训为起点，达成“双主式”语文教学理念共识。

1. 组织学习、反思、讨论和梳理

首先，通过学生问卷调研，引导学生开展对自己课堂学习过程和课下自行学习过程的反思，寻找、体会和发现学习高效的过程特点和学习低效的学习过程特征。

其次，组织学生学习有关学习理论和现代学习研究成果，如人本主义、认知主义、建构主义等现代学习理论的主要观点以及新的研究成果和新课程核心理念等。

再次，组织开展学生间、师生间相关问题的讨论。

最后，梳理、感悟和提炼出有效学习的基本理念、环节、方式和方法。

2. 明确教学环节，学生任务分工

在以上学习、反思、调研、讨论、梳理和提炼基础上，提出“双主式”语文教学的理念、模式、方法、效果预测和实施意义，并通过对学生的培训和学生讨论学习体会、经验交流，形成课堂教学中有效学习和“双主式”语文教学的理念共识，明确课堂上的一些教学环节准备要素和学生的任务分工。

3. 组建小组，明确宗旨

根据学情，将学生分为6人学习小组，根据班型一般情况分成6~7组。教师首先对组长进行培训，指导他们如何开展工作，明确小组学习的宗旨是培养学生的自主学习能力、分工合作精神和民主意识，为他们的终身学习和全面有个性地发展奠基。成员的组成是按照金字塔的形状组成，组长在塔尖，由语文学习优秀和组织能力较强的学生充当，第二层是语文学习基础较好的两位同学，塔的基层是语文学习基础稍弱的三位同学。组长整体分配任务，组织讨论，负责汇总前置学习后提出的问题。

4. 自主学习，合作探究

要求学生在合作探究前，一定是先完成老师布置的前置作业，在独自思考的基础上，基本形成自己的观点，这样探究才有实际的意义和价值，组员之间的交流才会是平等和民主的；否则，就不会有真实交流的基础，也不会是有效的交流。探究过程由组长负责，小组展示的形式、内容及发言人由小组成员讨论决定，力求给每一位成员展示的机会。

5. 立体交流，多元启发

学生的交流层面是多元的。首先是学生就文本或前置作业问题的交流，提出自己的观点或提出问题；然后是小组内的交流，部分问题经过交流碰撞启发会先行解决，教师边巡视边视学情启发引导；未解决、存疑或新生成的问题在班级层面再进行交流和研讨解决，这时教师可以适当分解问题或铺垫解决问题需要的基础性问题，进一步启发和引导学生小组合作探究解决问题。在这个过程中教师一定要鼓励学生提问，引导学生提问，支持学生提问，肯定学生的不同见解。尤其是引导学生体会讨论过程中的智慧生成和“碰撞出智慧”的真谛，“生生”“师生”之间互相启发，立体交流，思维得到拓展和提升。

实践过程中，我深感学生对“双主式”语文教学理念的认同过程是学生自我更新和提升自主发展理念、有效学习观念、课堂学习观念的过程，是激发学生自信、发展自主性和学习潜能的开始，是解放学生思想束缚、手脚束缚和积淀学习信念的开始，是课堂教学和谐高效的重要基础。

我深感对学生培训不仅是非常必要的，更让师生都有了更多的收获。学生收获了先进的学习理念、高效的学习方法和被充分激发的学习潜能，更有不断积淀的学习信念、不断增强的自主发展意识和不断养成的自主学习习惯；教师收获了对学生的进一步了解和理解，更有对学生学习潜能与个性优长的发现和对学生自主学习的信心，更加坚定了实践“双主式”语文教学的信念。我深刻体会到，学生不仅是教育对象，更是教育的重要资源，是动力之源，能量之库；依靠学生的内部自然发展，学生的学习天性就会得到激发，学生的能量就会获得释放，这是教育教学改革的一项有效的策略思考。

二、调动学生，依靠学生，师生共商策略

实践中，我们以学情为基准，有效搭建学生自主学习平台。学情决定教情，学生的起点就是教学的起点。因此，以学情为基准，摸索和创新运用适切的语文教学模式，即“双主式”语文教学模式，营造教学民主氛围，为学生搭建自主学习平台，才能有效保证教学目标的达成。

在教学实践中，我们注重以学情为起点组织教学，依据教材内容，巧设问题情境，营造教学民主氛围，突出学生自主学习，创设学生自主、合作、探究学习的情境和平台，引导学生思维逐步深入，有效激发了学生的自主学习积极性和合作探究学习的热情。学生在自主、合作、探究学习过程中表现得非常出色，多了独立深入的理解和思考，多了充分自主的表达，多了同学间、师生间的充分讨论。课堂上学生的学习热情和学习效率明显提高，课下的学习热情也依然不减。

我深深体会到想生成我们追求的理想课堂，首先需要教师坚定以学生为本的理念、培养学生自主性的理念和师生民主平等的意识。教师首先

要尊重学生，放下自己的知识权威，定位好自己的角色，增强民主意识，做好自己的角色：学生是有效学习的组织者、引领者和参与者。因此，在教学过程中，教师就要充分尊重学生，与学生平等交流，充分让学生研讨、表达和表现。同时，学生们也要增强民主意识，养成自觉尊重同学，探讨问题、交流意见都要相互尊重，讲礼仪，给每一个同学表达和表现的机会。

在实施“双主式”语文教学模式的过程中，学生通过课前自主学习完成前置作业，课上充分自主交流、表达、合作探究和归纳提炼。尤其是课堂上学生间的交流讨论学习很容易相互启发和理解，更易于碰撞出更多的想法和灵感，充分激发了学生自主学习积极性，使学生越来越感受到学习的乐趣、学习的自信、学习的根本方法和学习的成就感。同时，教师能够充分感受到学生的无限潜能和无限可能，对学生的喜爱、敬畏和细心呵护油然而生，这便生成了高效学习、和谐发展的课堂。课后，学生主动学习语文，还利用课间讨论学习问题，或找老师探讨问题。对于课后作业，学生都能自觉去认真思考和完成。

在实施“双主式”语文教学过程中，我们注重通过培养学生的自主学习习惯来培养学生的自主学习能力和核心素养；注重学生的思想解放和思维训练；注重学生小组合作探究的学习过程；注重以建立学生自主高效学习规范来养成学生良好的自主学习习惯；注重培养学生将学习成果检测与自主学习反思习惯相结合，看到自己的进步，发现自己的学习问题，扬长补短，积极调整自己的学习策略、修正学习习惯；注重引导学生善于发现问题、善于提出问题和善于解决问题；注重语文教学实践课的设计组织，搭建“培养兴趣、发展特长、展示自我、提升素质”的教学实践平台，注重引领学生课后阅读的积淀，使学生厚积薄发。

三、创设情境，激活状态，激发潜能策略

我们以培养学生语文核心素养为目标，开展大语文多元教学活动。

大语文多元教学活动与语文课堂教学是相互补充的有机整体。开展大语文多元教学活动是课堂教学的延续、延伸，是学以致用的学习实践和成果表达，是学生深入理解、体会和感悟所学的必要平台和过程，是提高学生审美鉴赏力、提升学生的思维品质、升华学生思想情感的平台和过程。因此，开展大语文多元教学活动对于培养学生语文核心素养非常重要，不可或缺。

我们根据语文学科特点，带领学生走出课堂，建立开放大课堂，通过社会调查、乡间采风，让学生感受时代的脉搏和大自然的季节之美，涵养学生性情，培养审美能力。下面举例说明。

案例 1

为培养学生的同理心、爱心，学会关心他人，我注重以活动来浸润学生的心灵。在 2018 年 5 月 20 日这个充满“爱”的特殊日子里，我带领学生到劝业场，开展“卖花献爱心”义卖活动。学生从最初的羞涩腼腆、不敢张口，到后来的主动招揽、大胆交流，在活动过程中感受到生活的不易，多了对父母的理解、对劳动的尊重，收获了对生活的体味和成功的自信。“如何让义卖更有意义”是我向同学提出的问题，学生们就此展开激烈的讨论，为义卖善款的用途建言献策。最后通过民主表决，大家一致同意将劳动所得用于帮助一位在天津化疗的 13 岁秦皇岛女孩。5 月 22 日，我和 2 名家长代表、4 名同学代表同去医院探望病床上的女孩，献上一份爱心。虽然对高昂的治疗费而言这只是杯水车薪，但这份爱心是温暖，是鼓励，是生生不息的信念，更是引领每一个学生向真向善向美、培养他们关爱他人的品质的一次有意义的实践活动。这次活动我布置了两项任务，一是活动开始前就这次活动让学生们以小组为单位写一份“卖花献爱心”活动策划书；二是活动结束后就这次活动写一个新闻报道。

案例 2

我注重让学生去观察大自然的一草一木，让他们在自然中发现美，感悟美，体味人生的哲理。每年的秋天我都会带学生到天津大学校园去欣赏秋景。天大的秋天是最美的，色彩斑斓不失静美，落叶缤纷又不感萧瑟。给学生的任务是去寻找一片你最喜欢的叶子，把它做成书签赠送给你喜欢的人，并附上一段话，要求语言优美，饱含真情，富有哲理。学生们的想象力丰富多彩，有写“叶与生命，叶与生活，叶与今昔，叶与心态，叶与文化，叶与诗词，叶与时代……”总之他们在一片叶子身上发现了一个世界，一个通往他们眼中的独特世界。走进自然与社会，让学生在实践中学会观察，喜爱思考，懂得辨别，培养审美，并提升他们的语文素养。

案例 3

我们积极开展丰富多彩的校园文化活动，组织学生参观纪念馆、展览馆、博物馆，参加军事训练、冬令营夏令营、学雷锋志愿服务、创新创业、公益活动等，使学生更好地了解国情民情，强化责任担当。我们以校园文学为抓手，积极创建了青鸟文学社；在校园网开辟“文学校园”专栏；在校园橱窗展出“文学校园”专题展板；在校报中开辟了写作园地；开展文学课堂实践，以文学阅读鉴赏与创作为课程的主要内容，使教学更贴近语文本质和学生生活，抓住了语文教学的关键。

大语文活动让学生们真正体会到生活即语文，语文即生活。通过课内课外的有机融合，我们尽可能创造条件，让学生时时刻刻都浸润在语文的学习与实践中。

第三节 “双主式”语文教学模式

课堂是学生自主学习与发展的主阵地，是开展素质教育、培养学生创新精神、提高学生实践能力的主渠道。因此，探索自主、高效的课堂教学模式是培养高中生语文自主学习能力、培养语文核心素养的有效途径和载体。

经过多年的教学实践探究，根据不同教学内容、学情和学生身心发展特点，我积极探索了基于“双主式”语文教学的基本理念、基本模式及其运用。又由于教学内容不同、学生学情与兴奋点不同，在实际的教学实践中，教学方法和教学模式也须随之变化。在基本模式基础上，还有几种操作性强而有效的具体变式，如启发探究式教学模式、活动式教学模式和思维导图式教学模式等。

一、“双主式”语文教学基本模式

“双主式”语文教学基本模式是以营造民主教学氛围为基础，以创设学生自主学习平台，激发学生自主学习积极性，着力培养学生以“自主、合作、探究”式学习方式和核心素养为目标的一种教学模式。

（一）功能目标

“双主式”语文教学基本模式是建构以教学民主、自主学习平台为根本，保障语文核心素养落地，有效完成教学任务和达成教学目标的一种稳定的教学组织方式和学生学习方式的程式。

当“双主式”语文教学基本模式得到学生认同接纳时，其就能够有效培养学生“自主合作探究”的学习方式，这是保证学生学习效果的根本和关键所在。

（二）程序结构

“双主式”语文教学的程序结构由六个环节组成，即“前置任务—自主学习—因材导学—合作探究—质疑解惑—反思提炼”。

1. 前置任务

教师立足语文核心素养，根据《课程标准》，依据学情和教学内容，精心设计前置任务，“双主式”语文教学遵循的原则是“简单、根本、情境、开放”，让不同层次的学生都有自己的学习任务，都能有自己展示挑战的平台，获得学习的价值感和成就感，增强学习自信心。

2. 自主学习

学生在接到前置任务后，先进行自主学习，以保证其自主探究、独立思考学习的过程，促使他们获得元认知和各自的初步知识建构。

3. 因材导学

学情决定教情，学法决定教法。“双主式”语文教学依据教学内容、学生学习基础和身心发展特点，以激发学生学习兴趣、学习内驱力和自主学习为目的创设教学情境，因材导学，如激趣导学、问题导学、活动导学、合作探究导学等。

4. 合作探究

“双主式”语文教学主要是通过课堂上的小组合作探究学习，使学生思维充分碰撞，解决自学中思而未解的问题，明确解决不了的问题和新生成的问题。

5. 质疑解惑

“双主式”语文教学就某个小组或全体解决不了的或生成的新问题在全班层面进行质疑解惑，哪个小组能够解决就让哪个小组展示解决过程，或是由各组组长组成问题解决核心小组去研究解决，或是师生互动启发指导解决，也可以视问题难度由教师启发式解答。

6. 反思提炼

“双主式”语文教学在课堂目标达成后，学生要有元认知的过程，通过自己的反思，梳理提炼学习过程的收获，建构自己的知识体系和方法论。

我们要注意的是，“双主式”语文教学程序一定要立足于学情和学生的认知规律。比如在课前，布置学生收集信息，思考问题，使学生在收集信息和独立思考中发展思维，培养学生自主学习能力，更使学生带着成就感、自信心和展示欲来到课堂，使学生的学习更具主动性。作为教师，最忌讳的就是在教育教学中以教者的认知规律和身心特点来代替学生的认知规律和身心特点。教师作为具有特殊任务的“传道受业解惑”者，一定要站在客观又科学的角度去了解学生的身心特点和他们所处的时代特点。每一代人都有每一代人的不同，我们现在教育的孩子从出生就进入智能时代，他们掌握的信息量非常之大，很多时候超出了我们的认知。因此，我们在设计课程和课堂教学当中，一定要首先考虑学生的学情，坚定学生是课堂主人的观念，并且依据学生的不同类型、不同层次去把握他们的认知水平。这样，我们在课堂教学中才会因材施教，才会主动从容，才会让每个学生在原有的认知水平上有新的超越。我们都体会过，在课堂教学中，只有学生主动，才有我们教学的主动；如果学生被动，我们会更被动。课堂如果缺少了学生从不知到知之的矛盾运动，就缺少了课堂上生动活泼的主动活动。一堂课没有了这些，就没有了“活”的灵魂，就会失去教育教学的生命活力。

二、启发探究式教学模式

启发探究式教学模式是教师在双主式语文教学理念原则下，精心设计层层递进的问题，激发并引导学生独立思考、理解和提出问题，通过学生自学和合作探究、师生民主交流探究等思维碰撞，进一步探究解决问题的教学方式。

（一）功能目标

教师根据学情、教情，为学生营造一种自主学习氛围，搭建一种自主学习平台，引导学生阅读理解、分析思考问题、探究解决问题、敢于提出问题，层层递进，使学生在学中思、学中悟、学中交流探究、学中生成思维品质和语言表达能力，从而提升学生审美鉴赏与创造的能力。

（二）实施原则

这种课堂教学的关键在于科学巧妙地设计层层递进的问题和对学生探究的鼓励与放手。问题的设计与学生生活息息相关，即问题的情境化；既要关注学生的个体差异和学生最近发展区，又要注重逐步递进的设计策略；既要启发学生对以往知识、经验的回忆和联想，同时还要有新颖性，能激发学生的探究兴趣，引发学生的思考和创造性思维品质的提升。

（三）程序结构

启发探究式教学模式在实施过程中呈现的程序结构，如图 3-1 所示。

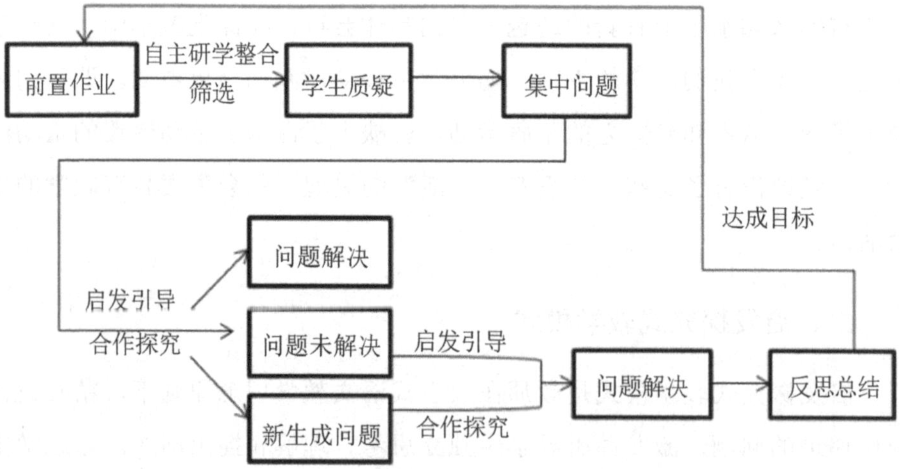

图 3-1　启发探究式教学模式程序结构图

启发探究式教学方式旨在引导、鼓励和放手学生在课堂上自主探究学习，鼓励学生自主独立去理解、去联系、去质疑、去发现问题，去分析、去交流、去合作探究解决问题。语文学科承载着学习和传承优秀文化的主要责任，阅读是它的主要内容，因此，教师要在引导学生阅读教材文本的基础上，鼓励学生自主通过多方搜索信息，拓展与文本相关的阅读，开阔视野，并在充分了解大量相关信息的前提下，能够去繁拨冗，辨证分析。我们要鼓励学生独立而批判地思考问题，勇于表达自己的见解，不畏权威，不人云亦云，形成自己的观点。

我们相信，每一个学生的理解和观点都有其内在的思想基础和逻辑联系，都是他们内心中自己的“哈姆雷特”。学生思维能力生成的过程往往是学生的思维由片面到全面整体把握的过程，如果有了学生自主学习和交流探究的过程，就有了超越盲人摸象片面思维的思考过程。

启发探究式教学方式能够促进学生独立思考，培养学生在学习中发现问题、理解问题、分析问题、解决问题的习惯和能力。这比我们语文课上得到一个所谓的正确答案要有更多的价值和更深远的意义。教师有了对学生的尊重、信任、放手和依靠，就有了学生在课堂学习中的主动和互动。长此以往，学生渐渐养成了自主学习、独立思考的习惯，从而产生学习能力，提高了语文核心素养。

案例一：

在教授小说《边城》时，我了解到大多数学生并没有读过《边城》，也不了解沈从文。面对《边城》这样一部情节淡化、人物虚化、具有特定时代感的“散文化小说”，教师很难让学生跨越百年去了解当时风土人情。因此在教学前我给学生一些关于作者和小说的简介以及详细的创作背景和创作动机的链接，帮助学生更好地了解文章。教学计划是一课时完成，那么如何做到长文短教，就是我首先思考的，而教学价值是答疑解惑及帮助学生看到更远的地方和更深刻的内核。所以在上课前，我布置的作业是：

你在读完《边城》后，反观现实，有哪些想要和大家分享的；在品读的过程中还有哪些疑问需要我们共同解决的。经过小组整合、汇总和我对课堂重难点的定位，即把感悟人性美、理解悲剧结局作为教学重难点，最终在课堂上研讨的共有四个问题。

（1）作为一篇小说，《边城》为什么用了大篇幅写景，而没有把重心放在体现小说特点的情节上？

（2）如果爷爷问的是让翠翠给二佬做媳妇，按照你对翠翠性格的分析，翠翠会如何表现？为什么？

（3）在沈从文描绘的这个古朴自然、诗意祥和的社会里，主人公翠翠是纯美与爱的化身，那么作者为何要在结尾将翠翠永远定格在渡口去等待一个未有归期的人呢？

4. 小说结尾写道：“这个人也许永远不回来了，也许‘明天’回来！”这个结尾意味深长，令人充满想象，应当怎样理解？

接下来，在课堂上，我将四个问题用幻灯片的形式展示出来，同学们以小组为单位，进行研讨。第一个问题同学们主要从环境对小说的作用角度去理解。问题基本得到解决，其中对人性美的烘托是设题的目的，同时也是为第二题翠翠的性格分析做铺垫。第二题我采用假设情境的方式，调动学生的兴趣，启发他们思考；学生兴致很高，踊跃发言，课堂氛围轻松活跃。在这样的假设中，学生很好地掌握了分析人物性格的方法并参与到作品的二次创作中，效果很好。而第三问和第四问是对文本的深入探究，难度加大。学生回答第三问时，基本停留在“翠翠对爱情的忠贞和坚守”“更好地反映人性美”等方面，缺少深层次的分析鉴赏。当我引导提示学生结合创作背景和创作动机来分析一下，学生的思路开始拓宽，大家各抒己见。最后我找一个同学总结，他的发言非常精彩。这个学生说：“这个结局除了翠翠的守望还有傩送去桃源。桃源之说也是作者的用心良苦之处，陶渊明的桃源已经成为中国‘乌托邦’的代名词，而文中边城已经是一个桃源了，傩送必须经历尘世才能明白其实边城就是他想要找的桃源。这其实也是沈从文自身的写照。沈从文从闭塞僻远的家乡来到北京，他以为北京很美好，但当他看过了大城市的虚伪和污浊后，他才发现真正的桃源就在他的家乡。所以边城代表的并不仅仅是一个美好的‘乌托邦’，它代表的是人性中的一种真挚的守望。翠翠在结尾等待着傩送，其实就是等待着一种人性的回归。‘这个人也许永远不回来了，也许“明天”回来！’这也是超越时代的。我们每一个人都需要去经历，只有我们的世界观被现实摧毁才知道真正的美是什么。”我顺势继续引导：“沈从文从故乡来到北京是带着那样的一种热情和理想，可是展现在他面前的是1934年祖国的动荡和大城市人们的自私、冷漠、虚伪。沈从文发现，他辗转追求的其实就在他那风景优美、民风淳朴的故乡。他觉得在那个时代，要想挽救国家就要先挽救国民思想，那么作者给我们设置这样一个世外桃源的意义在哪里呢？”学生们继续探讨，最后一个学生总结回答：“我觉得他想让我们重新领悟这种美，让人们向往这种美，让大家向着这种美努力，创设一个和谐的社会。”我继续深入引导，带领学生挖掘文本内核，最后总结：“作者为我们创设这种美，挽救和呼唤这种人性的回归，进而重塑我们的国民品格。但是在那样的时代，作为一位作家的他知道这样的理想难以实现，所以他设置了这样的结尾。‘这个人也许永远不回来了，也许“明天”回来！’是作者苦闷心理在作品人物身上的投射。其实这个结尾就是重塑民族品格的不确定性的表现。”最后这部分实际就是带领学生“见其未见之处”。

阅读学理论认为，阅读能力的纵向层级结构由五个由浅入深的能力组成，即阅读感知力、阅读理解力、阅读鉴赏力、阅读迁移力和阅读创造力。阅读教学要在发展阅读理解力的基础上进一步发展学生的高层次阅读能力即阅读鉴赏力、阅读迁移力和阅读创造力。这节课运用启发探究式教学模式，让学生在一步步的自读—思考—探究—启发的循环往复中，培养审美鉴赏和创造能力，提升了思维品质。

三、活动式教学模式

语文课程是一门学习祖国语言文字运用的综合性、实践性课程。这里面“学习语言文字运用”“综合性”“实践性”应当是语文课程实施不可偏离的关键点。《课程标准》揭示的语文课程体系是以语文核心素养为纲，以学生的语文实践为主线；对语文教学或语文的学习要求是，强调学习者中心、学习中心，强调语文的实践性，强调真实情境下的语文学习实践活动。那么，在语文教学中如何落实“综合性”和“实践性”？通过多年的教学实践与探究，我觉得活动式教学模式是一个行之有效的方法。[①]比如，五分钟小演讲、课本剧、朗诵比赛、读书推介会等都是我在教学实践中根据教材的内容和学情设计的一些有效的教学活动。

活动式教学模式是教师充分挖掘学生潜能，搭建学生学习、展示和交流等活动平台，引导学生进行自主的语言文字运用，促成其在情境中完成语言文字运用任务和提高语文核心素养的教学模式。

（一）功能目标

依据教学内容，通过设计典型的教学活动，激活学生思维，活跃课堂氛围，充分调动学生的积极性，让学生在情境中“动脑动口动手动心动情”，让他们能够在活动中达成语文学习的综合性、实践性功能。

（二）实施原则

遵循以学生为中心和以学习为中心，依据学情、校情，组织符合学生心理特点和认知规律的有效可行的活动方式，让学生在具体真实的情境当中积极主动参与、担当角色、充分展示和默契合作，从中锻炼、提高学生语言文字运用实践能力。

①中华人民共和国教育部．普通高中语文课程标准：2017 年版 [M]. 北京：人民教育出版社，2018.

（三）程序结构

活动式教学模式在实施过程中呈现的程序结构，如图 3-2 所示。

图 3-2 活动式教学模式程序结构图

（四）活动类型

我们根据教学内容和学情的不同，设计风格各异的课堂活动。

1.“微微开讲”

“微微开讲”是每节课课前有序轮流安排每一位同学到讲台上给大家进行的不同形式、内容丰富多彩的小型讲座，我们规定时间为五分钟。因为时间太短，所以命名为“微微开讲”。它是课堂上主题曲的前奏。它可以帮助学生尽快进入学习状态，同时对培养学生表达和应变能力等方面有很大的促进作用。

一般规定的形式有：学生根据学习内容和兴趣爱好讲的名人名言、成语故事、文化常识等的积淀式；学生根据大家感兴趣的、最希望探讨的问题确定辩论主题的辩论式；就大家关注的某一个话题，由学生主持，以采访形式，组织学生发表对话题的看法及感想的访谈式；自选话题进行演讲的演讲式；还有以某个字为诗或成语，然后班级以组为单位，每组一个人接令的飞花令式等。

2. 课本剧演出

课本剧是对教材中故事情节较强的作品进行的二次创作，主要在小说、戏剧、文言文单元采用。从服装到道具，从背景设计到揣摩人物，均由学生自排自演，学生热情高涨，表演精彩纷呈。

3. 朗诵比赛

朗诵能力是培养和提高学生语文素养的重要途径。古人云：书读百遍，其义自见。随着朗读能力的逐步提高，学生对文本的理解就会逐渐加深。因此，我们在诗歌和散文课上一直坚持诵读，在单元结束后一般还会组织一次诵读比赛，以促进学生对诵读的重视。学生们从选择背景音乐到背诵诗篇，从舞美设计到情境演出，有板有眼，各显神通。

4. 读书推介会

每学期期末我们会布置一项假期作业，即读一本经典著作。然后在下个学期初会举行两次读书推介会，给同学们搭建一个激发读书兴趣的平台，让他们将自己喜欢的书籍推荐介绍给同学，介绍的内容包括：书的内容、主题、社会意义及感想等。

5. 读书交流会

学期初，我们会规定学生在一定的时间内共读一本书，然后以小组为单位，进行赏析交流。一般是师生共同拟定几个品鉴的内容，如人文主题、社会议题、人物品读、技法赏鉴等。这种赏析交流的过程可以培养学生读整本书的习惯，提高他们的文学素养。

另外还有主题研学活动、社团活动、自办报纸杂志等社会实践活动，让语文教学从课内延伸到课外，形成处处为语文教学阵地、处处为语文学习的大语文观教育。每一次活动都促进学生积极主动去学习、去思考、去探究，而这一切都会让自主、合作、创新的思维能力得到发展，这是传统课堂无法比拟的。

学习生活如此丰富多彩，而且充满智慧的力量和人格精神，还有什么样的力量能够比受到普遍赞誉的智慧之光、人格之光更能吸引孩子的心灵呢？我们对课堂进行根本的改造，使之成为学生自主学习与放飞的课堂，使学生的生命活动与时俱进，和社会需求统一起来，从而产生最活跃的共生、共振式的学习和教育生态，在这个过程中，师生都会感到更加精神振奋，更加自由开放，更能够接受自己和悦纳他人，更乐于倾听新的思想和异于自己的想法。

朱熹说的“小立课程，大作功夫”，即是整个教育教学过程要体现教少学多。所谓“小立课程”，指的是教给学生的基础知识要尽可能精简，即“简单、根本、开放”；我们要腾出时间和精力，让学生进行大量的活动，也就是“大作功夫”。活动对于学生而言，是最容易激发兴奋点和思维的。语文教学作为一门传授人类历史文化精华的以间接经验为主的学科，教学活动课程所占的比例比较小；而活动会很好地补充和促进学生的思维发展，这是我们要引以为重的。

四、思维导图式教学模式

思维导图的概念是英国学者东尼・博赞在20世纪70年代初创造的。它是一种可视化思想的方法，是一种表达发散性思维的有效图形思维工具，它使用主题关键词和图像、颜色、逻辑及空间创建内存链接，从而释放人类大脑的无限潜能。

思维导图式教学模式是师生在民主的课堂氛围中围绕学习主题探究交流后，由教师引导学生自主地将所学的知识按照思维的程序以导图的形式展现出来的一种教学模式。

（一）功能目标

人的思维是立体的而不是线性的，所以我们在课堂上要充分利用思维导图挖掘和发挥人脑整体功能，提高学生三维思维能力和整体规划能力，运用记忆、阅读、思维的规律，帮助学生融合语文与艺术、逻辑与想象之间的发展，从而有效落实学生思维发展与提升的核心素养。

（二）实施原则

在实施思维导图式教学模式时，首先需要教师通过学习相关知识根据课程内容制作各种思维导图，为语文课提供有效的思维图形工具；其次教师要引导学生学会构建思维导图，帮助学生找到语文知识点即主题关键词之间的联系，通过一定颜色和图形构建它们的从属关系，形成系统的层次结构，将思维的线路直观地展现出来。

（三）程序结构

思维导图式教学模式在实施过程中呈现的程序结构图，如图 3-3 所示。

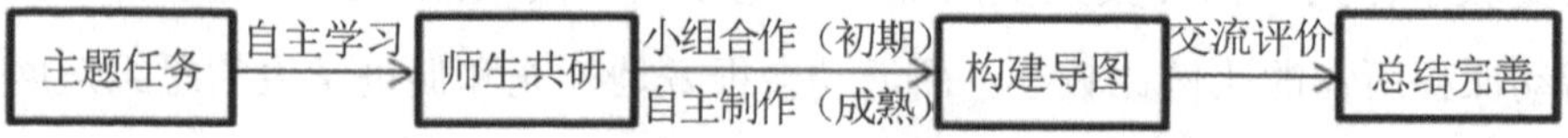

图 3-3　思维导图式教学模式程序结构图

思维导图式教学模式是让师生共同运用图文并重的技术，打造立体、生动活泼、自主高效、促进思维发展的高效课堂。在新课中建构知识结构，在复习课中构建知识体系，这种教学方式会让他们自己动手、动脑。开始时，学生以小组合作方式创建和展示，取长补短，补充完善；训练几次后，我便开始让学生自己设计，培养独立思考能力和深度思维，帮助学生树立信心，逐步养成自主学习能力。通过教学实践，这种教学模式用于阅读教学、专题复习、作文训练中效果最好。

在语文阅读教学中，教师可以针对不同的教学内容，选择不同的绘图时机与绘图策略，并使用思维导图来组织阅读材料中最主要的信息。“思维导图”的本质是以立体方式思考文本，既注重整体又联系部分，帮助学生更好地和文本“对话”，用自己的语言将其转换为一系列图式的模式，以便系统形成层次结构，从而使困难和复杂的内容非常清晰系统地显示出来，尤其是对文脉的梳理特别直观形象。

在语文复习课中，由于知识点数量众多，很容易引起学生记忆的混乱。使用思维导图可以将一个单元、一个主题的内容“组合”和“压缩”后放入由关键信息及其连接组成的图片中，方便学生对知识的整体构建和系统掌握。

在作文教学中，鉴于高中阶段主要以议论文训练为主，而议论文结构在高中作文中常运用的有并列式、递进式、正反对比式、混合运用式等，使用思维导图可以向学生呈现直观的构架形式，便于学生对作文的结构形式掌握运用。教师布置写作任务时，便引导学生围绕主题思考，将围绕主题建构的几个分论点用关键词概括出来，再指导学生用不同的线条标出思考的“路线”和下一级关键词的关系。将思考的结果用“思维导图”的方式呈现出来，实际就是先把作文的“骨骼”创建出来，然后再“长肉”。所说的“肉”就是作文的内容，从议论文的角度来说，实际就是论证的过程。论证中我们需要的是论据，论据部分我们是让学生平时以周记的形式自主积累的。在作文训练时教师指导学生搭建作文框架（实际也是文脉），这一点与阅读课的方法是一脉相通的，只不过一个是“剔肉留骨”，一个是“生骨长肉”。然后教师再指导学生筛选典型素材，进行导图的细化美化。这些工作做完后，学生在进行议论文写作时便会心有千秋，行云流水。

总之，思维导图式教学模式给予学生的不是简单的记忆模式，而是赋予学生更多的自主化、个性化、趣味化学习的教学，它发挥的直接作用是利于思考、探究和联想，把知识进行整合、联系和联想，采用发散性思维，突破定式思维，进行知识创新。通过这种方式训练，久而久之，学生不仅会在思维的深度上得以发展，还会在思维的不同领域有所跳跃。这样，阅读方会读出深度，鉴赏方会赏出个性，文章方会写出新意。

当然，教无定法，学无止境。作为一名高中语文教师，随着新课程改革的不断深入发展，鉴于高中生思想素质的日趋成熟和学习自主能力的日益提高，我们可以运用更契合其身心特点的思维发展与提升的策略，抓住课堂教学这一主要培养阵地，不断深入研究语文核心素养落细落实落地的方式方法，强化课程意识、资源意识，努力提高课程资源整合能力和课堂教学的有效性，优化我们的教法，营造浓郁的民主氛围，不断培养学生自主学习习惯，优化学生自主学习方式，培养学生自主学习能力，促进学生身心发展，提高学生人文素质，培养学生创新精神，为学生可持续发展奠定良好基础。

第四节　“双主式”语文教学评价

一、“双主式”语文教学评价的意义和功能

“双主式”语文教学评价的意义和功能在于发现学生优长，积极评价学生学习过程和成效，形成学生自主发展和教育教学发展的良性循环。“双主式”语文教学评价是学生自主学习与发展的导向，也是教师提高教学质量的导向，指向学生学习目标和语文核心素养目标的落实。

二、“双主式”语文教学评价原则

1. 科学性原则

科学性原则是指双主式语文教学评价应遵循教育规律、学生身心发展规律、学习规律，依据学生发展基础和现状，考虑学生的理解力和接受力，给学生自主学习与发展的自信心和支持力；同时，要坚持实事求是的科学态度，做出全面客观的发展性评价。

2. 客观性原则

客观性原则是指双主式语文教学评价应善于寻找和发现学生的优长与进步，以学生的客观表现为基础，给了学生客观、恰当的鼓励和肯定；要因材施教，切忌鼓励的随意性和过分夸大性。

3. 激发自信心原则

双主式语文教学评价的根本点是给学生自信心和方向。因此，激发自

信心的原则就是要注重了解学生、因材施教，采取多种方式给予恰当的肯定和鼓励；注重通过适当的情况分析、问题指出和指导给学生进步与发展的自信和希望；注重积极引领和培养学生客观认识自我、发现自我、认同自我和增强自信。

4. 多元性原则

多一个评价标准就多出一批好学生。多元性原则是指双主式语文教学评价应鼓励和强化学生各方面的优长与进步，尤其是他们的思想情感、思维方法与积极行为上表现出的优长和进步。

5. 师生共同评价原则

双主式语文教学评价的目的在于促进学生自主发展，其前提在于师生相互信任，建立民主、平等、和谐的师生关系。因此，师生共同评价原则是指给学生间相互评价、教师指导的平台和过程，以有效培养学生独立思考、独立判断的能力和自主性，形成学生自己的评价，通过评价讨论中的思维碰撞，客观地看待自己及他人的思维特点和方法，不断完善学生的评价思维。

三、“双主式”语文教学基本评价方法

1. 鼓励性评价方法

在“双主式”语文教学中，我们经常性的教学活动是师生民主、平等的对话教学和学生的自主合作探究学习，教师和学生是问题生成的设计者和创设者。由于学生不能始终保持思考发问的热情，如果教师调控失当，还可能泯灭学生已有的提问意识。因此，对话中老师恰当的评价，对学生形成提出问题的能力起着不可估量的作用。学生对教师总是有着强烈的心理期待，期待自己的表现能得到老师恰如其分的评价，当然最期待的则是肯定或表扬性的评价。鉴于学生的这种心理，教师在课堂上就要善于运用评价艺术，以肯定和表扬学生的能力为主。只要是经过自己大脑思索的、

独特的、创新性的提问，即使不成熟也应以肯定为主，切勿求全责备。教师真切的鼓励会使学生为满足教师的这种心灵期待而努力，发挥出潜在的智慧和才能，进而自主地仔细分析研究，提出更有深度、更有意义、更有价值的问题，并在不断体验对话成功的喜悦中，促进提问能力的形成与深入发展。

2. 多员性评价方法

在平时教学过程中，我们坚持“双主式”语文教学评价目标和原则，围绕课堂教学中学生自主阅读与鉴赏、表达与交流、梳理与探究等学习活动，对学生进行积极评价，激励和引导学生学会自主学习与自主发展。我们坚持民主平等的师生、生生关系，开展师评生、生评师、生评生和学生自评等，尤其注重学生自评，以培养学生的自主性和核心素养。

我们鼓励学生、家长、教师、教学管理人员等参与课程评价。语文教师应利用不同主体的多角度反馈，帮助学生更好地认识语文学习与个人发展的关系，学会自我监控和管理。学校应创造条件，引导学生参与多种评价活动，建构学习与评价的共同体，学会持续反思、终身学习。语文学科核心素养需要在真实的语文学习任务情境中综合考查。[①]

3. 阶段性评价方法

在阶段性教学评价过程中，我们利用评价过程与结果，发现学生的学业进步、个性特点和具体问题，及时引导，提出有针对性的建议，激发学生学习的动力。同时，依据评价结果反思日常教学，优化教学内容，调整教学策略、完善教学过程，为培养学生语文学科核心素养提供有力支持。

我们用量化的方式在班级公布，其结果的使用直接影响学生的积极性和团队的凝聚力。

①中华人民共和国教育部．普通高中语文课程标准：2017 年版 [M]. 北京：人民教育出版社，2018.

学生语文学科核心素养的培养呈现鲜明的个体特点。教师要注意搜集学生在语文实践活动中产生的各类材料，如测试试卷、读书笔记、文学作品、小组研讨成果、调查报告、体验性表演活动和个人反思日志等，通过这些材料了解学生在任务群学习中表现出的个性品质和精神态度，建立完整的学习档案，全面记录学生核心素养培养的发展轨迹；运用信息技术，丰富学生的表现性评价，形成多样化的学生成长记录，全面而科学地衡量学生的发展。②

评价时要充分考虑语文实践活动的特点，注意考查学生在活动中表现出来的主动性和自主性，如参与程度、思维特征、沟通合作、解决问题及批判创新等能力，记录学生真实、完整的任务群学习过程。

4. 形成性评价方法

在形成性评价过程中，注重分不同情况给予校正性反馈、鼓励性反馈和帮助性反馈。

当收集到的课堂教学的信息资料表明，大多数学生对当前教学内容的学习未能达到教学目标的要求时，反馈应是校正性的，即教师应及时调整当前的教学内容与教学策略以适应大多数学生的情况与需求。

当收集到的课堂教学的信息资料表明，大多数学生对当前教学内容的学习能较好地达到教学目标的要求，只有少数或个别学生未能达到时，则要区分两种情况做出不同的反馈。对于大多数能达到教学目标要求的学生来说，反馈应是鼓励性的，即教师应根据学生达到教学目标的程度给予相应的、恰如其分的肯定和鼓励，对其中表现较突出的还应在小结时通过讲评给予适当的表扬；而对于少数或个别未能达到教学目标要求的学生来说，反馈则应是帮助性的，即教师应尽力对少数或个别学生提供帮助以设法补救。

②中华人民共和国教育部．普通高中语文课程标准：2017 年版 [M]. 北京：人民教育出版社，2018.

以学为主的形成性评价，目前使用的信息资料收集方法主要有三种：测验、调查和观察。考虑到以学为主的教学过程采用的是自主学习策略，即主要依靠学生的自主探究、自主发现和小组合作探究学习，因此，评价还需要包括小组对个人的评价和学生个人的自我评价。评价内容主要围绕三个方面：自主学习能力，协作学习过程中做出的贡献，是否达到意义建构的要求。

记得陶行知先生说过，“人像树木一样，要使他们尽量长上去，不能勉强都长得一样高，应当是：立脚点上求平等，于出头处谋自由。”我想我们的教学评价就像先生所说“立脚点上求平等”，即在《课程标准》中所要达到的学业质量水平，解决学生参加高考学习的目标；个性的发展就像先生所讲“于出头处谋自由”，即尊重学生个体学习差异，上不封顶的个性化学习，给学生充分的自由，学生能跳多高，老师就要把梯子搭的有多高，学生能跑多远，老师就要把运动轨道设计的有多远。教育工作，面临的是每时每刻都在变化的学生，我们不能用一把尺子去衡量学生，用自己的成长去丈量学生的脚步。

第四章 “双主式”语文教学实施培训

理念的认同是“双主式”语文教学顺利推进的前提，只有理念认同，思想统一，行动才会一致。所以对教师和学生的前期培训是开展“双主式”语文教学的关键环节。

第一节 双主式语文教学的基本要点

经过多年的探究实践，我们总结了有效实施“双主式”语文教学的基本要点。

一、科学设置前置作业

科学设置前置作业是具体将语文核心素养落细落实于课堂的前提与基础。其应遵循以下几个原则。

（1）前置作业的设置要与学生的认知水平相吻合。这就要求教者必须充分了解学情，然后设置与学生认知水平和即将学习的内容相适应的作业。“前置作业”难度能够让学生吃得消，既能承载学习内容的核心知识与技能，又能够落实学习目标。

（2）前置作业应具有趣味性。兴趣是激发学习活动的核心因素，这就要求前置作业的设计要具有真正吸引学生的力量，让学生主动学，而不是靠老师的压力来驱使学生学习。

（3）前置作业应具有启发性。有效的“前置作业”应该具有启发性，它不仅容易启发学生对以往掌握知识和经验的回忆，同时还能引发学生的思考和创造性思维。

（4）前置作业应体现情境化特点。作业布置要以情景任务驱动学生的自主性，使学生在情境中体验语文课程实践性的特点，感到学以致用的价值。

（5）前置作业应具有“全体总动员”的特点，即让全体学生都能参与其中。这就必须体现作业的层次化，设计的作业要体现出梯度，让每一层次的学生都能体验到参与的乐趣、超越的价值。

（6）前置作业的设置应体现教学的多维价值。其一是前置作业要有包含知识的基础性；其二是学生经由一定的学习体验后所带来的思维的发散性；其三是前置作业应能展现学生的特长性，让每位学生都能感受到自我价值的实现，找到尊严和自信；其四是前置作业要具有“最近发展区”的特点，让学生通过自主学习和合作探究学习能够体会到挑战性和超越性带来的快乐感和成就感。

经过实践，只要前置作业设计得简单、根本、开放，让学生都能有话可说，这就为一堂成功的“双主式”语文课堂打下牢固的根基。每名学生都有积极向上的心理，只要是他们能做到的他们都愿意展现。尤其是对于一些语文基础薄弱的学生，他们往往没有信心，对学习没有兴趣，老师如果还是一味地按传统的教学方式教学，很多学生都无法跟上老师的步伐，慢慢地就会厌学，失去信心。我们采用“双主式”语文教学后，学生上课的积极性提高了，乐学了，老师也感到教育价值的体现了，师生的关系也更和谐了。

二、搭建合作、探究、展示的舞台

五彩缤纷的花才让我们感到大自然伟大的生命力，如果只是单一的色调那么怎能称得上春色满园呢？在课堂上我们经常会遇到这样的画面：老师提了一个又一个的问题，举手的同学却总是那么几位，有的学生在一堂课中甚至一次手都没有举过，上课的老师每次点到的也就是那么几位经常举手的同学。每一位老师几乎都有类似的想法，学生举手了，说明他一定会了、懂了。为了让自己顺利完成课程教学进度并取得良好的教学效果（尤其是在公开课上），老师们只要看到举手的同学便会优先提问（当然这里不排除照顾举手学生的积极性），于是答题的同学更积极，不举手的同学则沉默一节课。那么，那些不举手的同学是真的不会吗？答案不能肯定，因为有的学生是能回答问题的，而且答得并不比举手的同学差。那么是什么原因使他们不愿意举手呢？关键在于他们的学习兴趣和参与性没有被充分调动起来。这种现象有可能是教师提问时一次次的冷淡和忽略使他们失去了举手发言的信心，“反正老师不会喊到我”这样的思想一直以来占据着他们的头脑；有可能是老师对其某次发言的否定带来的不自信；也有可能是学生觉得“反正我会了，答不答无所谓”；等等。因此，在课堂中我们应该追求民主和平等，给每个学生创造表现的机会，给他们及时的鼓励，激发他们发言的积极性。民主、平等的课堂就像是缕缕阳光照亮学生，就像是润物细无声的春雨润泽学生，它会创建和谐的师生关系。我坚信给每个学生平等的机会，课堂里一定会收获一份份惊喜。

试想课堂如果只是老师和几个学生的几言堂那还会生机勃勃吗？其他不发言的学生会掌握多少知识呢？他们的素质怎么提高呢？在此我想到了美国学者、著名的学习专家爱德加·戴尔于 1946 年首先发现并提出的学习金字塔理论。学习金字塔理论是美国缅因州国家训练实验室的研究成果，它用数字形式（图 4-1）形象地显示了学习者采用不同的学习方式在两周以后还能记住内容的多少（平均学习保持率）。这是一种现代学习方式的理论。

在塔尖，是第一种学习方式——“听讲”，也就是老师在上面说，学生在下面听。这种我们最熟悉最常用的方式，学习效果却是最差的，学习的内容两周以后只能留下 5%。第二种，通过“阅读”方式学到的内容，可以保留 10%。第三种，用“声音、图片”的方式学习，可以达到 20%。第四种，通过“示范、演示”这种学习方式，可以记住 30%。第五种，通

图 4-1　学习金字塔

过“小组讨论”的学习方式可以记住50%的内容。第六种，通过“做中学”或“实际演练”的学习方式，可以达到75%。最后一种在金字塔基座位置的学习方式，是“教别人”或者“马上应用”，可以记住90%的学习内容。

爱德加·戴尔提出，学习效果在30%以下的几种传统方式，都是个人学习或被动学习；而学习效果在50%以上的，都是团队学习、主动学习和参与式学习。由此可以看出，第一种到第四种学习方式都是被动的，学生的参与度非常低，所以学习的保持率都无法超过30%；如果学生有机会把上课内容立即应用，或是让学生有机会当同学的小老师，效果便可高达90%。由此可以看出，如果能转教别人，学生学习的效果最好。而我们的“双主式”语文课堂恰好就给学生们搭建了这样一个平台，让学生积极参与课堂，成为课堂的主人。“双主”教学因为有了学生先学的基础，他们一进入课堂，便可以进行有效的交流，有生生交流、师生交流、小组交流、班级交流等，这些交流都是锻炼学生的主要方式；又由于每个学生都有自己的学习心得（无论多少，无论对错），都想在同伴面前“炫耀”，在小组交流之后，同学们经过同伴的互助互学，自信心又会大大增强，这时我们对组内筛选出的疑难问题再互相质疑、解疑，进行班级层面的交流，学生的学习效果便会非常好。

实践表明，小组的初步研讨，提高了学生对知识理解的深度和广度，同时也大大提高了班级研讨的质量。班级研讨主要有两方面内容：一是小组内对做过的前置作业内容进行交流，互相补充、完善；二是小组之间就学习中出现的不同见解和疑问，互相质疑和解答。不同小组学生对同一知识的讲解，不仅能够帮助全班学生丰富、加深对知识的理解，而且会使学生思维得到极大拓展。虽然学生的经验有限，但是由于学生的讲解符合学生的认知规律和认知水平，同时他们把对知识的理解与自己的生活相结合，所以讲解既生动，又易于其他学生理解。在“双主式”课堂中，因为学生是在自主探索研讨中发现规律，他们的成就感会得到极大的满足，学习的兴趣也会更浓，因此便于形成良性循环，学习效果会越来越好。对于学生错误的回答和做法，教师绝不要全盘否定，而是要鼓励他讲出自己的思路，然后由其他同学帮他找出错误的原因。对他来说，出错是好事，因为发现了错误，才能真正纠正错误，今后才能引以为鉴。事实上，课堂上学生错误或片面的解读也是一种重要的课程资源，我们要善于挖掘和运用，因为这些美丽的错误常会给我们的课堂教学带来蓬勃的生机和活力，“异样的声音”才是真实的课堂，学生思维才会有所碰撞、有所生成。遇到“疑难杂症”，教师也不要急于解答，应鼓励同学们合作探讨解决；同时班级的“高手”也往往会披挂上阵，奋力攻克。小组讨论其实形成了一种互相帮助、互相交流、合作学习的课堂文化氛围，即“向别人求教是光彩的，能帮助别人的是好学生，能提出问题的更是好学生”。记得晚年的爱因斯坦总结数十年科学生涯的经验后，感叹道：“提出一个问题往往比解决一个问题更重要。解决一个问题也许仅是一个数学或实验上的技能而已，而提出新的问题、新的可能性，从新的角度去看旧的问题，却需要创造性的想象力，并标志着科学的真正进步。”爱因斯坦的这席话，道出了科技创新的一条要则：提出问题比解决问题更重要。“双主”课堂做到了把“教堂”转变为“学堂”，使课堂变成了学生们快乐学习的舞台，展示自己成果的舞台，提升自己素养的舞台，智慧之花绽放的舞台。

三、总结反思与课后的巩固和拓展

实验初期，我们把精力重点都放在前两个要点，即前置作业的精心设计和课堂讨论展示的效果上。用积分卡、小礼物来刺激“把沉默当做黄金”的学生们，让他们开口讲话；哪怕是很简单的问题，全班都要用掌声去鼓励他，尽可能地把课堂内容“求透”。可这随之又带来一些问题，比如学习好的同学会觉得课堂容量小，课程进度慢，这就让我们不得不想办法去解决。我们实验小组的成员在实验一段后都发现了这种现象，于是我们集思广益，认为前置作业的设计和课堂练习的习题要分层次，让各个层面的学生都能体验到探究、合作、挑战、成功的乐趣，这样改进后，学生们在课堂上就会根据自己的“饭量”吃饱、吃好。当然，这样的课堂离不开班级小组的良好建设。对知识的“求透”之后，我们千万不要忽略知识“校实”的环节，即实际操练的效果。首先，我注重学生对课堂所学进行提炼性总结，让学生明确“提炼性总结能够起到温故知新的作用，落实得越到位越好，否则课堂效果会大打折扣”这一道理。同时，我让学生课后自主完成拓展性的作业，比如高三复习课后让学生就本课的专题复习找一道类型题（适合讲解专项知识时用），让组内交流，互换做，互相讲；如果是讲课文，就给学生提供相同主题或相同文体的几篇阅读文本，让学生自主选择其中一篇并就感受最深的一点在课堂上交流（在每单元课文讲完后都要设计这样一个扩大学生阅读量的环节)，因为阅读水平的高低决定语文素养的优劣。

四、教师需要探讨预设更多的教学可能性空间，设计和反思教学

作为教师，我们在备课的过程中需要探讨更多的教学可能性空间，预设出选择的可能方式和各种可能的效果，要用“三顶帽子”的思维去设计和反思教学。发现不同的可能需要不同的视角，爱德华·德·博诺博士提出的白、红、蓝、黄、黑、绿“六顶帽子”提供了思考的六个视角。我们在进行教学创新的想象思维时，要常用黄、黑、绿三顶“帽子”从不同角

度理解和反思课堂。

“黄帽”是肯定的，它代表着一种乐观主义的判断。其主要思考的问题是：“这样教学的好处是什么？”“合理性在哪里？”“积极因素是什么？”黄帽给人以阳光灿烂的感觉，“黄帽思维”有利于积淀我们的教学勇气，帮助我们获得教学信心。

“黑帽”是质疑和否定的。其思考的问题是：“这样教可能的问题是什么？”“风险有哪些？”“有哪些问题是我们忽略的？”可以说，在时间和生命有限的条件下，任何教育都是有缺陷和问题存在的，“黑帽思维”使我们审慎地对待教育，敬畏教育，仔细地权衡教育，在决策和实践中尽可能地追求教育利益最大化，使教育损害最小化。

“绿帽”是新的发现和选择。其着重关注“除了现有方案，我们还有没有其他更好的选择？”“我们能不能以其他方式来做这件事？”“这里有没有另外的一种解释？”等问题。“绿帽思维”是在“黄帽思维”和“黑帽思维”之后的思维延续，是对新思路的探询和发现，具有破旧立新的创造性。

“三顶帽子”的思维过程使我们对课堂教学保持开放和审视的态度，在认清“正”和“反”的种种可能后，从中发现“合”的创造。这样的研究方式既可以用于集体观课议课，也可以用于缺乏他人支持的教师个人的自我反思。“三顶帽子”的思维方式，使未来的教学产生新的可能。我们经常用批判的思维去备课和反思，致力于实现新的可能，追求课堂的效能，这也会给我们多年一贯的“经验”课堂带来新奇的源泉。有了新奇就会给自己的生活带来新气象和动能，也会给学生带来新的期盼。经验告诉我们：有期盼的生活是一种值得向往的幸福生活，有期盼的课堂一定是高效灵动、学生喜欢的课堂。

总之，“双主式”语文课堂一改以往“教师主控课堂、学生被动接受”的模式，使学生成了课堂的真正主人。他们在课堂上相互交流合作，智慧在碰撞中不断生成，情感在抒发中得以提升，从而体验到“我学，我思，我想，我悟，我讨论，我表达，我展示”的学习自主性。“双主”课堂使学生得到充分的思维训练、表达训练、规范养成和情感交流，是真正培养学生自主学习、全面提高学生语文核心素养与综合素质的教育，是“学生乐学、教师乐教”的教育。

第二节 “双主式”语文高效课堂教学策略

语文高效课堂教学一定有其规律，那就是学生的学习规律、学生身心发展规律和教学规律。反思多年来我对生本教育、“双主式”语文教学实践与高效课堂教学的探索，着眼于学生学习与发展的根本点和长远目标，我体会到自主高效课堂教学原则、策略的根本点应该是突出以生为本、以学为本，以老师的主导不断激发学生的自主性。教师主导性的真正意义和价值在于有效激发学生的自主性，培养学生自主学习能力。教师主导性有效发挥的前提是教师充分相信学生、充分依靠学生和充分放手学生，能够用民主的思想来营造温馨平等的师生关系。我们能够理解，如果一个母亲不放手孩子，孩子怎能很好地学会自己走路呢？事实上，以生为本是教学的根本性原则和策略，以学为本是以生为本的根本落实，自主学习是“双主式”语文教学的目的，正所谓老师的千教万教最终要归根于学生的学，即教师的高效教学要体现在学生自主高效学习的根本点上。因此，不研究学生的自主高效学习规律，“双主式”语文高效课堂教学就没有根本性载体，就落不到实处。

那么，如何充分发挥教师教学的主导作用？如何有效激发学生的自主性？如何把握语文高效课堂教学的根本规律？

结合自己多年来生本教育实践、“双主式”语文教学实践与高效课堂教学的探索经验和校情、学情、教情，我形成了“五根本、五导学、六方法”的“双主式”语文高效课堂教学原则和策略。

“五根本”即以语文的核心素养培养为根本、自主自信兴趣学习为根本、思维能力培养为根本、求透校实所学为根本和规范养成习惯为根本；就是在语文课堂教学过程中注重夯实基础，求透校实基础知识、基本技能和基本思想方法，把握核心知识本质，有效运用语文学科思想方法；就是注重培养学生自信心、自主性和自学能力，不断激发学生学习兴趣，突出学生思维能力培养和训练，求透校实所学所练，使学生学得主动、学得实在、学得高效；就是要遵循学生学习规律，以高效自主学习规范养成学生高效自主学习习惯，培养和形成学生高效自主学习能力。

“五导学”即兴趣导学、问题导学、知识导学、小组合作导学和学法导学。

兴趣导学就是以学情为基础，以好学、乐学为出发点，以“简单、根本、开放和适合”为原则，不断激发学生学习自信心、学习兴趣，注重学生学习内容、学习方式和学习过程的趣味性、根本性和实效性，使学生充分体验学习的快乐感和成就感。

问题导学就是以学情为基础，以兴趣导学为前提，以探究问题为学习根本，以问题设计引领学生自主学习、自主探究、发现问题、提出问题和积极解决问题的教学原则和策略，使学生的思维得到充分训练和培养。

知识导学就是以所学知识为学生的学习目标和学习载体，注重探究知识本质和知识间联系，求透校实，学以致用，建构语文学科知识体系。

小组合作是学生间相互交流、展示、发现、认同、欣赏、融合和归属的过程，因此，小组合作具有积极的导学作用。小组合作导学就是积极借助学生小组团队的凝聚力和智慧，培养学生合作探究能力和团队精神，有效解决问题的教学原则和策略，使学生在小组合作探究学习过程中学会合作、学会表达和交流、学会倾听和欣赏、学会相互取长补短，体验合作的智慧碰撞、智慧生成及集聚力量带来的学习乐趣和学习自信。

学法导学就是以有效的学习方法指导学生高效学习，以“高效自主学习规范”养成，培养学生学习能力的原则和策略，使学生学会学习，形成自主学习能力。

在学生健康成长过程中，我们体会到学生学习自主性是学生高效学习的前提和根本，而高效学习能力是学生自主性的结果，同时又是促进学生自主性不断发展的基础和根本，即高效学习能力的习得有效促进着学生学习发展的自信心和自主性。

“六方法”即激活学生思维兴趣自信法、高效自主学习规范养成法、小组合作探究法、问题诊断归因求透校实法、限时三轮训练法、精选、精讲、精练循序渐进法。

激活学生思维兴趣自信法在于通过不断激发学生学习兴趣，通过兴趣导学激活学生思维，充分设计开展学生思维深度和广度的训练，培养学生独立思维能力，不断激发学生学习与发展自信心，从而形成学生良性发展的良好态势。

高效自主学习规范养成法是在课堂教学过程中注重学生高效自主学习规范的养成，使学生课堂学习与自主学习更有效，保证学生学习扎实进步，从而养成习惯，形成能力。

小组合作探究法是充分调动、发挥和培养同学间团结合作精神，建立小组合作学习激励机制，有效组织学生小组合作探究学习，碰撞思维，生成智慧，解决问题，学会合作，相互取长补短，学会表达和交流，学会倾听和欣赏，使学生充分体验合作的智慧、力量和乐趣。

问题诊断归因求透校实法是培养学生发现自己问题症结所在的习惯和能力，学会问题诊断和正确归因，提高问题解决的针对性和实效性，求透校实所学所练，从而提高学生发现问题、提出问题和有效解决问题的学习能力。

限时三轮训练法是指导学生在平时练习、作业和考试时，注重限时训练和三轮智慧答题训练，先易后难，有效培养学生思维限时敏捷性、训练方法智慧性，培养学生的应试能力和良好的心理素质，使学生会学、会考，提高学生的综合素质。

精选精讲精练循序渐进法是指教师紧紧抓住知识本质和思想方法根本，

精选精讲精练习题，注重问题典型性，善于一题多变、多题归一训练，以不断深化理解、消化所学所练，突出教学重点，突破教学难点，突出学生语文思维能力培养训练，循序渐进，以“精”给足学生理解消化时间、方式和求透校实过程，有力实现学生学习高效和课堂教学高效。

我们坚信学生人人有上进之心，人人有无限潜能，人人有个性优长。因此，“五根本、五导学、六方法”的“双主式”语文课堂教学原则和策略，既注重不断激发学生学习自信心和自主性，又注重培养学生语文高效自主的学习能力，使学生自主性与高效学习相互促进、相互转化，形成良性有机结合，促进学生健康快乐成长和终身幸福发展。

第三节　“双主式”语文课堂教学导入设计

课堂导入是课堂教学的开始，是课堂教学环节中的重要一环，更是有效集中学生注意力、激发学生兴趣、开启学生好奇的窗口和思维的大门的关键环节。“双主式”课堂导入注重营造民主平等的教学环境，经常以民主平等的对话形式展开，以促进学生积极思考，使学生带着兴趣和学习目标，较快进入自主学习的状态，从而打造出课堂教学的良好开端。

高中语文课堂教学的导入具有较强的艺术性，在探索实践和借鉴的基础上，我从以下四个方面与大家分享。

一、“双主式”语文课堂教学导入的重要意义

课堂导入是教学过程中的起始，是带领学生较快进入良好课堂氛围的重要环节。良好的开端等于成功的一半，因此课堂教学导入是课堂教学不可或缺的重要环节。其具体有三方面的意义。

（一）激发学习兴趣，集中学习注意力

巧妙导入新课，能够有效引起学生的好奇心，激发学生的兴趣，吸引

学生的注意力，创设民主自主轻松愉悦的课堂氛围，使学生产生强烈的求知欲望，较快进入自主学习状态。这是学生上好课的第一步，也是有效教学的第一步。

由于课序的安排不同，学生的身心变化也不同，学生大脑神经的兴奋程度也不同，因此，课堂导入就显得非常重要了。比如上午第一节课和第四节课学生大脑神经状况有明显差别，下午第一节课与上午第一节课的状态就更不同，这尤其需要老师用心导入和激发，使学生能够较快进入自主学习的状态，以确保课堂教学的实效性。事实上，经过上节课的学习和课间休息，下节课上课时，学生的状态也需要经历进入自主学习状态的导入过程。因此，高效课堂需要我们教师把课堂导入作为课堂教学的重要一环。

（二）带着兴趣、问题和学习目标，开启积极思维的大门

课堂导入一般是通过各种媒体创设学生好奇或感兴趣的情境，或是设置学生感兴趣的问题来激发学生兴趣，引发学生的注意力，这样就能够有效使学生带着问题和学习目标进入自主学习状态，有效开启学生积极思维的大门。实质上，问题导向、积极思维是学生自主学习的根本，也是高效课堂教学的根本。

斯腾博格在《思维教学——培养聪明的学习者》中明确指出：“教育最重要的目标就是引导学生的思维。”因此，用心的课堂导入能够有效引领学生进入积极思考的学习状态。

（三）营造“双主”课堂气氛，提高学习感知效果

课堂教学导入的根本点是营造民主自主的课堂气氛，激发学生思维兴奋点，突出学生的学习主体地位，突出激发学生积极思维、自主学习。

好的教学导入能够激发学生的好奇心、兴奋点和求知欲；能够激起情感共鸣；能够点燃学生思维的火花，拓展学生的想象思维，有效训练学生的思维力，提高学生的自主学习力；能够提高学生对教学内容的充分感知效果，直接影响学生自主学习水平和效果；能够有效为学生创造广阔的思维空间和自主学习空间：这是确保课堂教学高效的重要前提。

二、“双主式”语文课堂教学导入的几种方法

“双主式”语文课堂教学的导入具有较强的艺术性，在探索实践和借鉴的基础上，我梳理出几种经常运用的导入方法。课堂导入分两大类：一是创设情境的教学导入；二是问题设置的教学导入。

（一）创设情境的教学导入

创设情境的教学导入，其根本点是通过情境创设，引发学生的好奇心、求知欲和注意力，激发学生学习兴趣，吸引学生快速进入课堂自主学习状态，以达到学生自主学习的目的。

1. 通过短视频、影视剧创设情境导入教学

由于短视频、影视剧的直观性、形象性、丰富性和艺术性符合学生学习心理的特点，教师可从教学需要出发，利用丰富的视频、影视片段等素材，创设与教学内容相适应的具体场景或氛围，创设帮助学生理解教学内容的特定情境，让学生看到栩栩如生的画面，听到声情并茂的音响，使学生如临其境、如闻其声，通过充分的感性体验激发学生的学习兴趣，引发学生的好奇心和求知欲，吸引学生的注意力，增加学生的感性认知，激发学生的积极思维。因此，用短视频、影视剧创设课堂教学情境是非常有效的载体和方法，在教学实际中运用相当广泛。

如在教《荆轲刺秦王》时，我让学生先去看张艺谋导演的电影《英雄》，学生一下子就能说出许多相关的知识，也更容易理解荆轲在易水送别时“风萧萧兮易水寒，壮士一去兮不复还”的那种悲怆感情。教师用影视来导入，利用其中的片段、细节、画面，学生有了较直观的感性认知，便会更期待学习文章的内容。这便很容易激发学生学习的自主性。

2. 通过音乐欣赏创设情境导入教学

音乐能够陶冶人的情操，其贴近人的生活感受，容易使人产生某种特定的情感体验，引起情感共鸣；同时，音乐往往能够营造一种轻松愉悦的氛围，使学生的大脑得到有效调节。因此，以音乐导入教学是一种有效的导入方法。

以音乐导入教学，自然需要用心选择一些学生喜爱的、与教学内容紧密相关的音乐。这就需要我们教师多关注学生喜欢音乐上的哪些流行色，巧妙地与教学相连，让音乐引发学生的积极情感、广阔遐想和思想共鸣，成为对教学内容学习理解的助推器。

在教王羲之的《兰亭集序》时，我从学生喜爱歌星周杰伦的《兰亭序》入手，再加上所述与作者有关的传说，一下子就激发了学生对课文的兴趣。

3. 通过朗诵创设情境导入教学

朗诵是语文教学中非常重要的教学和学习方法。朗诵能激发联想和想象、培养语感，提高语文素养；同时，好的朗诵更是一种美的欣赏和享受。因此，以朗诵导入课堂教学是一种有效的导入方法。

朗诵导入最好是教师或学生自己朗诵，如果配乐朗诵就更好了；其也可以是名家朗诵。其实，朗诵重在感受感知，而学生高度注意力的体验时间是有限的，因此，把握好朗诵时间的度是一个关键。

高中文言文学习，相对来说比较枯燥，教师可以用情境朗读来打破沉闷的文言文教学课堂，让学生接受文言文声韵美的感染熏陶，增强学生对文言文的感悟能力。例如在教《氓》时，教师让学生以不同的方式来朗读，如配乐朗读、仿古吟诵、表演诵读、画外音式配图朗读等，用多种方式，让全班同学都参与到朗读活动中，他们分工合作，配合默契，课堂俨然成为一个表演的大舞台。

4. 通过插图、实物等导入教学

教师通过出示图画、实物、模型来进行教学导入。这种导入会吸引学生的注意力，教师顺势引导其仔细观察，提出问题，进入思考，激活思维，变抽象为具象，使学生直观感知教学内容的切入点，易于理解，从而自然导入学生自主学习状态。

比如在讲授苏轼的《赤壁赋》第二课时，教师可以采用图画的方式，将画面的情境再现，让学生找出文中对应的句子。这样可以通过不同的媒介方式调动学生的各种感官，有利于培养学生的观察能力，促进学生由形象思维向抽象思维的转化和升华。

5. 通过故事创设情境导入教学

精心选择与教学内容和学生实际生活紧密相连的故事导入教学是一种有效的课堂教学导入方法。

故事导入以精彩、生动的故事情节，语言的磁力和丰富的表情吸引着学生的注意力，其自然引导着学生的思想情感体验和积极思考，使学生进入自主学习的课堂状态。

在高中语文课堂上设计故事导入，一定要注意故事的深度。如果教师还没有讲完开头，学生早已猜到了结局，这样的故事导入设计就是失败的。因此，故事要有独创性，还要有一定的趣味性，这样才能让学生喜闻乐见。

在学习《拿来主义》时，教师用讲故事的方式进行开场白：我们天津有个著名作家叫冯骥才，有一次他去访问法国，一位外国记者问道：“尊敬的冯先生，你们国家搞改革开放，学习我们资产阶级的东西，你们不也会变成资本主义了吗？”冯骥才幽默地回答：“不，人吃了猪肉不会变成猪，吃了牛肉不会变成牛。”所以说“拿来主义”并不可怕，只要坚持正确原则，用辩证的眼光去“拿”，取其精华，去其糟粕，就一定会不断充实自己、提升自己。今天我们就一起来走进鲁迅的《拿来主义》，看看鲁迅先生给了我们什么样的启示。

6. 通过课文中的诗文、典故、成语导入教学

中国文化源远流长，为我们留下了无数文学瑰宝。其中，名言警句、诗词、对联、成语故事等，言简意赅、想象丰富、内涵深刻、表现力强、影响深远。一节课开始时，教师巧妙地引用它们作导语，常会取得很好的教学效果。比如《鸿门宴》《庖丁解牛》等篇目，其中有好多大家耳熟能详的成语，教师通过学生熟悉的内容导入，会让学生有一种亲近感，会调动起他们的学习欲望。

7. 通过对课文标题的思考理解导入教学

这是一种常见的教学导入方法。一篇课文呈现在学生面前的首先是标题，标题是文章的眼睛，透过标题可以发现作者的良苦用心和精巧构思，这是学生接触课文的第一步。由审题入手，可以抓住重点，促使学生的思维迅速定向，帮助学生从总体上抓住文章的主旨，把握文章的结构，了解文章的写作特点，然后比较顺利地进入到对课文思想内容、文化内涵等的学习和掌握中。

教师教学可以从标题入手，和学生一起释题、探题直至解题，从而了解全文主旨。

（二）问题设置的教学导入

问题设置的教学导入是通过设计学生感兴趣的、好奇的、非常关心的问题，激发学生兴趣，吸引学生注意力，引发学生积极思考，从而创设课堂教学的良好开端。

问题的创设，或是针对教学内容的重点和关键点，或是选准一个学生感兴趣的切入点以吻合教学内容，或是由表及里、逐步深入教学内容，或是铺垫基础和信息以使学生易于理解教学内容。

问题设置的教学导入可以使学生处于急切期待的心理状态，它是引导学生深入阅读的有效手段。教师如能巧设情境，让学生“带着问题读”，使学生置于问题情境中，往往一问下去，学生便会思绪飞扬，精神亢奋，如曲径探幽，如入山探宝，一路读，一路思，深入探讨，主动思考。问题和想法便会牵引学生向阅读的深处走去，使学生自始至终在积极学习和主动探究的学习情境中完成学习任务。

创设问题情境导入教学有时又是一种设置悬念导入教学，是通过抓住教学内容的根本点，提出疑问，制造矛盾，设置悬念，激起学生的好奇心和“非要弄个水落石出不可”的学习欲望，自主进入积极思维之中。正所谓“不愤不启、不悱不发”，当学生处于这种“心求通而未解，口欲言而不能得”的“愤”“悱”，急于求解之时，学生也就进入了积极思考和探讨的自主学习过程，这自然也是高效的课堂教学过程。

三、“双主式”语文课堂教学导入的基本原则

在课堂教学导入设计中，应该注意几个原则，确保导之有方、导之有效。

1. 目的性与针对性相结合原则

所谓目的性，就是要把教学目标和吸引学生有机结合。吸引学生是为了课堂教学的良好开端，使教学过程最终达成教学目标。

所谓针对性，就是针对教材内容和学生实际，采用适当的导入方法。导入的内容既是学生关心的话题、感兴趣的事物和学生实际的生活，又要针对不同的教育对象和教育层次、不同场合进行设计。

2. 趣味性和启发性相结合原则

兴趣是最好的老师。课堂导入自然要注重学生的趣味性，不是教师或成人的趣味性。因此，我们教师需要关注学生的兴趣爱好和关心的事物，了解学生的身心发展规律，因材施教，因“趣”施教。

启发性是教学导入的必然要求。教学导入是为了启发和引导，因此，教学导入设计必然要具有较强的启发性。

两者结合要求趣味性为启发性服务。教学导入要内容新颖、丰富多彩、趣味横生、造成悬念、引人入胜；教师的语言表达要富有激情、形象生动、富有感染力；教师要紧紧围绕教学目标，还要把握好教学导入的度，注意时间的控制和重点的掌握，以达到积极思考、完成教学目标的效果。

3. 创新性原则

随着教育信息技术的飞速发展，教师在设计教学导入上可利用的媒体素材有很多，广大一线教师在教学导入的设计上也有很多创新。因此，在教学导入设计上，教师还要坚持创新性原则，在挖掘教材、了解学生和积极借鉴的基础上，取长补短，整合创新自己的教学导入，以“趣”导入、以“情”导入、以“奇”导入、以“疑”导入，使教学导入切实符合学生身心发展的特点，得到学生们的喜爱和欢迎，实现教学导入的良好开端。

四、把握教学之实，避免导入误区

1. 盲导而流于形式

好的教学导入是课堂教学的助力，应该点到为止、恰到好处，绝不能偏离教学重点、浪费教学时间和影响教学目标的达成，绝不能为导入而导入：这是课堂导入存在的问题之一。有时，我们在设计教学导入时，容易慢慢陷入一种创造性的自我陶醉，忘了初心，或是导入时间过长、内容过多，或是偏离了教学重点，或是没有与学生兴奋点吻合，造成适得其反的效果，从而影响了教学目标的达成。

2. 重形而轻于根本

教学导入重在激发兴趣、引发思考，其目的在于激发学生的积极思维，促进学生自主学习；同时，学生的兴致是宝贵的，又是短暂的。因此，教学导入的设计要克服过度导入的问题，需要教师适当运用各种导入形式，适度把握导入时间，确保教学导入恰到好处。

3. 重教而疏于导入

有时候，我们可能因为教学时间非常紧而忽略教学导入，或是教师急于教学从而使教学导入形式单一、过于呆板。这样看似教学进度快，但是学生进入状态慢，情志和思维难以跟上教师的教学节奏，从而在课堂教学中失去主动权，也不能取得良好的教学效果。

记得语文特级教师于漪老师说过：“在课堂教学中，要培养激发学生的兴趣，首先要抓住导入课文的环节，一开课就能把学生牢牢地吸引住。课的开始好比提琴家上弦，歌唱家定调，第一个音定准了，就为演奏或歌唱奠定了基础。上课也是如此，第一锤应敲在学生心灵上，像磁石一样把学生牢牢地吸引住。”

总之，我们都能体会到，好的教学导入可以提高学生的学习兴趣，激发学生的求知欲和表达欲，开发学生创新思维，鼓励学生积极探索，引导学生深入发现知识的真谛、语言的魅力和生命的精彩。

第四节　“双主式”语文课堂的艺术点评

意大利诗人但丁说过：“语言作为工具，对于我们之重要，正如骏马对骑士的重要。”研究发现，课堂教学语言对课堂教学效果和学生思维的开发都有很大的影响。教师如果具有良好的语言艺术，就能使一堂课饶有乐趣，从而提高学生的听课兴趣，教学效果也将事半功倍。尤其是“双主式”语文课堂要求教师一定以民主、平等的心理去对待每一位学生，尊重学生、理解学生、宽容学生，对学生课堂的发言以鼓励和正面点评为主。科学艺术的点评是激发学生自主学习兴趣和潜能的桥梁，会让学生醍醐灌顶，树立自信，勇于表达。

那么教师课堂用语通常要注重哪些方面呢？我认为，在教学时要注重因势利导，通过点拨、搭桥等方式让学生豁然开朗，得出结论，而不是和盘托出，全部告知。经过总结二十几年的教学经验，我在探索借鉴的基础上，将课堂点评分为：启发类、赏识类、表扬类、提醒类、劝诫类、鼓励类、反思类。

1. 启发类

（1）集体力量是强大的，可以看出你们小组合作得非常好，你觉得这篇文章给你带来的人生启示是什么？

（2）自学结束，请带着你的收获和疑问与同伴交流。

（3）审题要明察秋毫，你从题干中获取了哪些有效信息？

（4）请把你的想法与同伴交流一下，好吗？

（5）嗯嗯，你说的办法很好，还有其他办法吗？

2. 赏识类

（1）说得太好了，老师佩服你，为你感到骄傲！

（2）你的设计（方案、观点）富有想象力，极具创造性。

（3）我非常欣赏你的想法，请说具体点，好吗？

（4）某某同学的思维角度非常新颖，真厉害！

（5）让我们一起为某某喝彩！同学们在学习过程中，也要敢于猜想，善于猜想，这样才能有所发现，有所创造！

3. 表扬类

（1）你真让人感动，老师喜欢你的敢想、敢说、敢问和敢辩，希望你继续保持下去。

（2）这么难的题你能回答得这么完整，真是了不起！

（3）你预习得可真全面，自主学习的能力很强，把你的学习方法介绍给同学们，好不好？

（4）哎呀，你的见识可真广，懂得这么多的知识，好像“度娘”一般，同学们以后有问题要找你帮忙喽！

4. 提醒类

（1）你能勇敢说出自己的想法就是好样的！

（2）老师真想在下节课看到你更出色的表现——更踊跃、更大胆、更自信！

（3）你的声音真好听，能大声读一遍吗？

（4）这道题你不是不会，你再试试看？

（5）你准备的幻灯片太好了，看来很用心了！嗯，如果字号大一点就更好了，我们班可有戴眼镜的同学呀！

5. 劝诫类

（1）你是聪明、懂礼貌的孩子，可是你学习状态不稳定，为什么呢？你经常忘记老师布置的作业，老师多么希望你养成做事认真的习惯，老师相信你只要想做一定可以做到的！

（2）每次见到老师，你总是礼貌地问一声“老师好！”，老师非常欣慰。但在课堂上，老师多想看到你高高举起的手呀！要勇于把自己的见解分享给老师和同学，相信自己！

（3）爱读书，是一件好事情，值得表扬！可是，如果在“错误”的时间、空间做着“好事情”，产生的就是负作用了。

（4）有个外国科学家说：真理偏爱有准备的人。中国人也常说：凡事预则立，不预则废。你们小组如果准备充分，自学、合作探究到位，我想你们会有意想不到的收获。努力，祝你们成功。

（5）人们都说“字如其人”，某某同学眉清目秀，老师相信你认真写字，一定会让你的字迹和颜值相匹配哟！

6. 鼓励类

（1）来，请你就这个问题谈谈看法。我从你的眼中看出来，你的心中一定是有了与其他同学不一样的看法。勇敢地站起来！

（2）你很勇敢，第一个举起手来。说错不要紧，关键是敢于发表个人见解！

（3）你真是爱思考的孩子，这个问题提出的真好。谁愿意帮助他解决？

（4）你的想法真有创意，你愿意进一步谈谈你的具体构思吗？

（5）只有孜孜不倦地求索，才有源源不断的收获。只要你有一颗上进的心，胜利总会属于你。

7. 反思类

（1）通过小组合作探究，你受到了什么启发？有什么收获？

（2）通过分析，你发现在回答这类问题上有什么规律？

（3）你们小组要思考一下怎样让合作探究的效率更高一些。这个问题还有没有其他的思考角度？

（4）谁能给大家提出一个值得继续探究的问题？

（5）这是个很有价值的问题，其中包含着许多丰富有趣的知识，有兴趣的同学课后可以通过网络自己去寻找资料，看谁的收获最多。

总之，受欢迎的语文教师，一定是有一颗民主、平等的爱心，对学生充满爱、尊重和理解；能绘声绘色地再现教材、描述事实，旁征博引，还能用生动的语言把复杂的知识简单化；更善于运用机智风趣、诙谐幽默的点评语言增强自身课堂的教学魅力，做到言之有物、言之有据、言之有理，掌握分寸，恰到好处。寥寥数语，妙趣横生，既能活跃课堂气氛，激发学生潜能，又能寓教于乐，调动学生的学习内驱力，让课堂充满智趣活力，富有语文课的灵动与美丽。

第五节　“双主式”语文教学培养学习能力的策略

“双主式”语文教学的根本点是在师生营造的民主氛围中培养学生的自主学习能力。这就要求教师一定要坚定不移地坚守以学生为本的理念，坚守培养学生自主性的理念和师生民主平等的意识。教师首先要尊重学生，放下自己的知识权威，增强民主意识，定位好自己的角色——学生有效学习的组织者、引领者和参与者，这样才会以自然平和的心态进入课堂、引领课堂、参与课堂、融入课堂。

一、创设民主自主氛围，唤醒意识

（一）创设民主自主的氛围

教师要允许学生发表各自不同的见解。对于不完全符合设计意图的各种想法、做法，教师不要轻易否定，而应该敏感地抓住学生思考中的合理成分，进一步引导学生深入讨论。教师要发扬教学民主，允许学生保留个人意见，以保护学生独立思考的积极性，让学生真切地品尝到独立思考、自主学习的甜头，从而激发学生的求知欲和学习兴趣，发展学生的非智力因素，有效培养学生的学习能力。

（二）创造合作性学习环境，降低传统竞争性学习氛围的不良影响

自主学习中，教师与学生、学生与学生都应该是合作的伙伴。教师不是绝对的权威，同学也不是竞争对手，大家都只是解决某个问题的平等参与者。学生通过独立思考来认识和判断问题，既不轻易放弃自己认为正确的想法，又要虚心地向他人学习，学会对自己的解题策略与学习结果做出适切的评价，在学习交往中认识自我、评价自我并有意识地调控自己。教师要不断唤醒学生沉睡的心灵，深化其感知力、想象力、思考力与创造力，使学生随时都能清醒地意识到自己的角色地位和存在价值，释放出自身的生命潜能，生成学习能力。

二、课内激趣，注重指导

要做到课内激趣，首先是导入新课要有趣味性。新课导入或是于漪式的“激情感染”，使师生活动产生共鸣；或是魏书生式“气功冥想”“自

主选择”，提高学生的注意力；或是提问，设计疑点，启发思维；或是引用诗词、成语、名言警句、寓言故事、对联、俗语、歌曲、名人故事等，激发兴趣，丰富知识；或是用图片、实物、音像等非语言手段，引起好奇，激发求知欲……这些导入将带领学生在课堂一开始就进入良好的学习情境，自然而然形成自主学习的状态和习惯。有趣的教法会使学生的认知和情感反应达到顶点，使师生教与学的积极性达到最佳配合状态，促使学生把教学策略内化为学习策略，为他们的自主学习提供“会学”的基础。

教师要根据不同类型的文本确定不同的教学重点，进行不同的学法指导。对于论述类的文章，教师应引导学生把握观点与材料之间的联系，着重关注思想的深刻性、观点的科学性、逻辑的严密性、语言的准确性，着重培养学生的概括、提炼、分析、判断、综合等抽象思维能力；对于实用类的文章，教师应引导学生注意材料的来源与真实性、事实与观点的关系、基本事件与典型细节、文本的价值取向与实用效果等，由于此类文章以学生自主学习为主，因此对文本内容的准确解读和对文本信息的筛选处理能力显得尤为重要；对于文学类作品，教师则应引导学生感受形象，领悟作品的丰富内涵，体会其艺术表现力，拥有自己的情感体验和思考，努力探索作品中蕴涵的民族心理和时代精神，了解人类丰富的社会生活和情感世界。

三、课外迁移，扩展视野

要提高学生的语文素质，就要向课堂 40 分钟要质量。但仅仅靠课堂 40 分钟的时间还远远不够，大千世界处处有语文，我们不妨把视野引向课外，让学生到课外去汲取营养，丰富知识，开阔眼界，陶冶情操。

（一）阅读名著

新课程改革对高中阶段的学生阅读量做出了明确规定，同时高考的考查要求也有相应的体现。教师通过让学生有计划、有目的地阅读文学名著，并做好读书笔记，写读后感，定期进行交流，可以使学生站在一个更高的层次上和文学大师进行交流，在获得知识的同时，也汲取了精神上的营养。

（二）关注社会

一是让学生有选择地看电视和报刊。推荐学生看的电视内容以新闻为主，此外还有《百家讲坛》《文化访谈录》《朗读者》《经典咏流传》《国家宝藏》《我在故宫修文物》等节目。这些节目均经过打磨精心拍摄，富有文化内涵，能够引导学生关心时事政治、关心社会、关心自然、关心文化，为他们树立远大理想打下良好的基础。

二是有计划、有步骤地组织学生走进社会、关爱自然。比如教师指导引领学生进行社会调查等项目式学习，引导他们了解社会，了解现实，了解自己所生活的环境，然后让学生写出调查报告或论文等，以提高学生的社会参与能力。再比如教师定期组织学生到大自然中去，观察自然界的种种现象，在大自然的美景中留下足迹，或诗、或文、或画，用大自然的纯粹、美妙陶冶情操、活跃思维、丰富想象、培养创造力。

四、重视训练，培养能力

课内的趣味导读和课外的扩展视野是两个不可分割的整体，课内外紧密结合起来，才能充分体现语文教学对培养学生的素质所起到的不可估量的作用，才能真正培养学生的自主学习意识，使学生真正成为自主学习的主人。教师可以对学生进行“每人讲一首古诗”“每周一篇读书笔记”“每周一篇日记”“每季一部好书”的训练，培养学生听说读写的能力，使学生的课外阅读量积累起来；还可以通过课内有计划的活动如即兴演讲、日记展评、故事会、新闻发布会和读书报告会等，培育学生的自主参与意识，训练学生的思维能力、应变能力和口语表达能力。

高中语文课是一门融文学、政治、天文、地理、音乐、美术等为一体的综合性的基础学科。我们可以根据青年学生的身心特点，依据学生的个性所长，设计不同的课堂活动，充分调动学生的积极性，充分发挥学生的主动性，培养学生的主动参与意识。重要的是，多彩的课堂活动会极大地挖掘学生的内在潜能，让学生在真实的情境学习中提高语言运用的能力，培养学生的审美情趣和人文素养，更会把学生带入了一个更广阔的世界，使学生在情感、态度和价值观等方面得到积极的熏陶浸润。

第六节 “双主式”语文教学师生行为规范

一、“双主式”语文课堂教师行为规范

（1）教师要充分了解每一个学生的学情，尊重每一位学生，创设民主、平等的课堂气氛。

（2）课堂程序层次分明，密度合理。

（3）前置性作业内容设计合理，能有效突破新授知识重难点，内容充实，灵活多样，有梯度。

（4）教师在课堂教学中能够准确捕捉到学生课堂生成中有利的教学生长点，并加以引导、提升，避免课堂随学生思维无边际地自由扩散。

（5）全面发挥学生的主体作用，教师在教学过程中起组织者、指导者和促进者的作用。教师要立足于学生的学，注重学生主动参与学习的有效度、合作学习的实效性，体现学生自主发展、差异发展等教学策略。

（6）注重对小组合作的指导，让每一位学生参与学习活动。在活动中，教师要能够给予小组或同学起到正面强化作用的合理评价。

（7）语言表达清晰、准确、简洁、流畅，生动形象，富于启发性；举止亲切、自然，富有亲和力。

（8）教师根据教学需要，能从教学内容出发，恰当使用教学挂图、实物、投影仪、电脑等各种教学媒体辅助教学，传统手段与现代手段相结合。

（9）教师知识面广，应变能力强，调控教学有效。

二、“双主式”语文课堂学生行为规范

（1）学生尊敬师长，师生之间、生生之间互相尊重，民主而平等地对话，互相认真倾听。

（2）学生学习积极主动，能认真完成前置作业。每一位学生都能积极主动地参与教学全过程，乐于动脑、动手、动口，乐于讨论、争论、辩论，思维积极。

（3）学生自主学习有时间、有空间、有实效。学生在自主学习中不断探索形成知识体系，结论由学生自悟或集体生成，每一项教学活动都由学生自己体验，学生参与面广。

（4）在学习交流活动中学生能主动地去思考、观察，能发现问题并提出问题。

（5）学生无论是课堂发言还是倾听交流都要遵循课堂礼仪，发言流畅，能够清晰表达自己的观点。鼓励学生发展创造性思维，敢于怀疑书本、教师、他人观点。

（6）课堂气氛民主活跃而不散乱，思维活跃而不漫无边际。

三、学生高效自主学习水平问卷调查表

学生高效自主学习水平问卷调查表，见表 4-1。

表 4-1　学生高效自主学习水平问卷调查表

年级：　　　　班级：　　　姓名：　　　　性别：

为了培养、提高同学们的自主学习能力，我们开展高效语文自主学习规范养成活动已经一个学期了。为了了解同学们的养成情况、进步和问题所在，特设计此表，来引导大家以自己的期末考试情况对比期中考试和高效自主学习规范，诊断好自己的学习情况，从而提高学习能力和效果。希望大家认真思考，总结出自己高效的学习方法，养成习惯，生成能力，提高成绩。现请同学们认真填写问卷调查表。

序号	问卷内容	习惯程度			认同程度			重点养成目标达成程度		
		A	B	C	A	B	C	A	B	C
1	有课前预习、读懂教材、归纳提炼问题的习惯									
2	能完成前置任务									
3	有带着问题上课、听课和学习的习惯									
4	能充分利用上课前二分钟复习、预习									
5	能认真听课，积极参与讨论和发言									
6	有每次学习都归纳、提炼要点的习惯									
7	有明确的学习目标和标准，以及要求自己课上尽力百分之百理解、掌握（准确记忆）和运用的意识									
8	有笔记本、练习本，以听为主，及时记和练									
9	练习时注重限时、三轮答题									
10	有错题本或在自己做错的题上做标记									

续表

序号	问卷内容	习惯程度			认同程度			重点养成目标达成程度		
		A	B	C	A	B	C	A	B	C
11	课后能及时回想课上所学，梳理知识点和思想方法									
12	课后能及时整理笔记，建构知识体系									
13	能及时完成作业									
14	注重一题多变、多题归一，善抓规律，学一、透一、实一、通其一类，练全会、会全对的习惯									
15	有问题回归教材，与同学探讨或请教老师帮助解决									
16	有在理解的同时及时记忆基础知识，反复翻阅、复习巩固的习惯									
17	学习不拖延，尽力做到堂清、日清和周清									
18	时间管理能力强，巧用零散时间和整块时间学习记忆									
19	单元复习时先回想知识框架，建构学科知识体系									
20	认真对照教材，深化、强化、校实重点和遗忘内容									
21	梳理重点问题、基本思想方法和易混易错问题									
22	运用三轮答题法，积极限时完成作业和重点练习									
23	注重考后分析，明确进步和丢分问题，计划解决									

续表

序号	问卷内容	习惯程度			认同程度			重点养成目标达成程度		
		A	B	C	A	B	C	A	B	C
24	自己设计小专题，突破、解决自己的丢分和重点问题									
25	理解考试的目的是检测学情、正确归因、查缺补漏和高效训练									
26	理解考试的目标是力求分数最大化									
27	理解考试的智慧是只有不丢分，才能得高分；解决丢分是考试的最大得分和增分									
28	学会三轮答题法，即先答有把握的题，再答有思路的题									
30	平时练习当考试，考试当练习，不断积累考试经验									
31	明确自己考试的取舍原则、得分所在和时间分配									
32	坚信学习能力和优异成绩是平时夯实基础、求透校实、思维严谨、智慧训练、学习达标、高效自主的结果，是持之以恒付出的结果									

注：1. 习惯程度分别按A（基本做到）、B（未完全做到）、C（没有做到或没有意识到）三个不同程度标记；认同程度分别按A（非常认同）、B（一般认同）、C（不认同）三个不同程度标记。重点养成目标达成程度分别按A（基本达成）、B（未完全达成）、C（没有达成）三个不同程度标记。

2. 做好对比变化的标记。这是自己变化的标志，也是进步和提高的标志。

四、高效自主学习规范养成水平自评表

高效自主学习规范养成水平自评表，见表4-2。

表4-2 高效自主学习规范养成水平自评表

班级： 姓名：

高效自主学习规范是高效自主学习的规律体现，是高效自主学习的效率和能力生成所在。为增强同学们高效自主学习规范自主养成意识，养成对比高效自主学习规范知自己学习进步和学习问题原因的习惯，不断提高同学们的学习能力和学习效果，特设计此表，帮助大家养成好习惯，保证每一次学习的效率和进步，增强自信心，提高学习力、发展力和学习成绩。希望同学们每周自评一次、小组互评一次、班级总结一次，坚持9周，让自己天天进步，养成好习惯，形成真正的能力，成就好成绩。

序号	问卷内容	学习规范养成水平自评成达程度		
		A	B	C
1	有课前预习（读懂教材、提炼问题）的习惯			
2	能按时完成导学案			
3	有带着问题听课和学习的习惯			
4	有充分利用课前二分钟复习和预习的习惯			
5	能认真听课，积极参与讨论和发言			
6	有上课注重理解、记录要点和及时记忆的习惯			
7	有每次学习都归纳、提炼要点、求透校实的习惯			
8	有笔记本、练习本			
9	练习时，有限量、限时和三轮答题的习惯			

续表

序号	问卷内容	学习规范养成水平自评成达程度		
		A	B	C
11	课后能及时回想课上所学，及时整理笔记，梳理知识要点和联系，建构知识体系			
12	学习时能专注，有定力			
13	善反思，善归纳提炼，注重一题多变、多题归一，善抓规律，做到“学一透一实一，通其一类”和“练的全会，会的全对”			
14	有每周、每月归纳和总结的习惯			
15	学习有目标、有计划，善于管理自己的时间，从而培养自己的领导力			
16	注重考后分析，明确进步和丢分原因，计划解决			
17	设计小专题，突破、解决丢分和重点问题			
18	学会考试，慢审、审准，一次性求全对；三轮答题；明确自己考试的得分所在、取舍原则和时间分配			

注：1. 学习规范养成水平自评达成程度分别按 A（基本做到）、B（未完全做到）、C（没有做到或没有意识到）三个不同程度标记；

2. 各班要分别以小组和班级为单位进行每周总结和统计，帮助学生养成好习惯，成就好成绩；

3. 我们坚信同学们高效自主学习规范养成进步的结果就是大家学习成绩提高的结果；

4. 坚信我们通过帮助学生养成高效自主学习规范的好习惯，成就学生好成绩和好状态。

第七节 引领学生自主养成“高效自主学习规范”

高效自主学习就是引领学生把高效自主学习规范养成为自主学习习惯，并从中形成学习能力和良好素质。这是凝聚我们语文工作室团队的智慧，力助同学们高效自主学习，成绩优异，素质优秀，实现梦想。

一、课前规范

（1）认真、耐心读懂教材，理解基本内容、思想和方法技能，完成语文导学案等前置任务。

（2）善于发现问题，勇于质疑，找准具体的疑难点，养成带着问题上课学习的好习惯。

（3）善于归纳、提炼所学、所问和所悟，建构知识框架，形成自己的语文学习成果。

二、课上规范

（1）充分利用课前二分钟，做好课前复习、预习，争取课堂理解更容易、掌握更扎实。

（2）积极围绕问题听课、讨论和发言，敢于质疑，及时求透，校准校实。

（3）积极讨论发言，依靠团队智慧，开发智力。因为这是课堂学习的有效方法，是训练思维、碰撞智慧和生成能力的有效途径，是培养学生学会倾听、交流和表达等良好综合素质的有效途径。

（4）高效学习标准：理解透，掌握准，运用熟，框架清；听明白，写规范，说准确；一题多变，多题归一，善抓规律；学一，透一，实一，通其一类；练全会，会全对，生能力。

（5）有自己单独的笔记本和练习本，养成以听明白为主，兼顾及时记笔记、限时三轮规范练习的好习惯，整理自己的错题本，便于高效复习。

三、课后规范

（1）及时回想所学、所悟以及问题，梳理知识要点、思想方法及问题清单，建构知识间联系，整理好笔记，及时准确记忆知识，坚持记忆经常化、反复性、随意翻翻，效果最佳。

（2）限时、规范、三轮、工整做好作业，发现问题，查找原因，回归教材，求透校实。

（3）作业完成后，寻找练习题之间的相同与不同点，提炼思想方法，积累解题经验，达成学习目标和标准，力争达到堂堂清、日日清、周周清和月月清的最高效学习效果。

（4）课后智慧安排时间，充分利用零散时间进行小块知识记忆，比如语文背诵、文常、文言文的虚词、实词等；有效利用整块时间进行专题或套题限时训练，力求高效。

四、复习规范

（1）先回想章节知识框架，建构语文学科知识体系。

（2）回想知识内容，认真对照教材，深化、强化重点和自己遗忘的内容，校准校实。

（3）梳理和明确自己的重点问题、典型问题、基本思想方法、技能和易混易错问题。

（4）运用三轮答题法，积极限时完成作业，训练自己良好的考试心态，即把平时练习当考试，把考试当平时练习。要做好教材重点梳理，对照学习标准力争达标。

（5）自主设计小专题，突破、解决自己的重点和难点问题。

（6）积极主动请教同学、老师以解决自己解决不了的问题。

五、考试规范

（1）考试目的：检测学情、查缺补漏和高效训练。

（2）考试目标：积极解决丢分问题，力求分数最大化。

（3）考试智慧：只有不丢分，才能得高分；解决丢分是最大的得分和增分。

（4）考试方法：三轮答题法，即先答有把握的题，再答有思路的题，循序渐进，激活大脑，依次循环，有序从容，不浪费时间，不丢遗憾之分。

（5）考试策略：明确取舍原则、得分所在和时间分配，并给自己一个弹性空间。

（6）考试心态：全神贯注、“认真做好每一个动作”、有序从容、智慧取舍，积极淡定，灵活应变；人难我难我不畏难，人易我易我不大意；只有解决问题，才有实质进步。

（7）考试分析与应对策略：发现自己进步和以前问题解决了多少，不断总结积累学习与考试经验；发现丢分老问题和新问题及其原因，制订解决丢分问题的策略措施和有效可行计划；只有发现问题和解决问题，才有实质进步。

（8）问题根源：平时学习不扎实，知识理解不透，掌握不准，训练不规范、不注重总结规律和技巧；急于求成，答题急躁，平时工夫不到，造成审题、规范和时间掌控不当丢分。

六、高效综述

学习能力和优异成绩是夯实基础、求透校实、思维严谨、智慧训练、平时达到学习标准、平时高效自主的结果，是持之以恒付出的结果。

坚持规范，事半功倍，智慧所在，能力所及。坚持养成，创造卓越！

第五章　实施“双主式”语文教学的意义和价值

第一节　对于学生的意义和价值

随着“双主式”语文教学的不断深入实践，学生们越发感到“双主式”语文教学课堂上的活力与张力。学生们学习主动、思维活跃、阳光开朗，教师教学高效，同时学生们自主学习能力及学习成绩也不断提高。

（1）课堂上，学生们明显增强了自主学习意识、自主发展意识和民主意识，自主学习、自主发展和民主意识逐渐成了学生们的自觉。“双主式”语文教学有效地提高了学习成绩，增强了自主学习自信心，培养了学生的自主学习能力、民主意识和核心素养。

（2）课堂上，学生们充分感受到了老师的信任、放手和学习探究上的自主空间。“双主式”语文课堂搭建了学生充分独立思考、交流表达和碰撞智慧的平台。互相尊重的民主氛围解放了学生的思想束缚，使思维得到充分训练。学生充分感受到了自主学习、合作探究学习的快乐和高效，充分感受到了对自身潜能的激发。“双主式”语文教学给了学生自主学习的信心和动力，给了学生自主发展的无限可能。

（3）课堂上，师生民主的学习氛围与和谐的师生关系，让学生们越发积极、阳光和开朗，使学生逐步养成了良好的自主学习规范和合作探究学习规范。同学间互相尊重、互相发现优点与特长、互相学习取长补短，同时注重自我学习反思与矫正，这促进了学生共同健康成长和学习进步。

（4）课堂上，教师注重引领学生对生命与价值的思考，提升了学生的思维品质，激发和培养了学生更高层面的自主性，为学生终身发展奠定了重要基础。

（5）进入大学和工作岗位后，很多同学反馈说，高中语文课堂的平台使他们的表达能力、组织协调能力、合作创新能力很快在所在团队中凸显出来。这更坚定了我们的信念，“双主式”语文教学是为学生可持续发展奠定良好基础的有效教学方式。

总之，“双主式”语文教学让学生们能够在民主的环境中更健康快乐地成长，让学生们逐渐形成自主学习能力，为其终身学习奠定良好的基础，使培养学生语文核心素养得以有效落地生根、开花结果。

第二节　对于教师的意义和价值

“双主式”语文教学在民主和谐的教学环境中，能更好地培养学生核心素养，充分发挥学生“自主合作探究”的学习能力，促进师生同频共振，教学相长。

（1）“双主式”语文教学课堂使老师感受到学生的极大可塑性。一旦激发了学生学习与发展的自主性，学生将充分发挥和展示他们的个性优长和潜能，从而有效培养学生良好的语文核心素养。

（2）“双主式”语文教学能够有效增强教师的教学民主意识，充分体现以学生为本的新课标要求。与学生一起营造课堂教学的民主氛围，形成和谐融洽的师生关系，既有利于培养学生的自主性、民主意识和民主精神，又有利于教师的身心健康，使教师充分感受到与学生一起快乐成长的幸福感。

（3）教师深刻认识到相信学生、放手学生、培养学生学习与发展自主性是学生自主高效学习与发展的根本，深刻感受到了“双主式”语文课堂教学的快乐和成就感，感受到课堂教学的主动权和从容感，感受到只有解放学生才能真正解放教师自己的体验。

（4）教师的教学主动权在于正确的学生观，在于课前的精心设计和准备，在于了解学情、相信学生、发动学生、解放学生和依靠学生，积极搭建学生自主学习、合作探究学习的平台，积极培养学生自主学习习惯、规范和自我管理能力，使其形成自主学习能力和良好的核心素养。

（5）“双主式”语文教学使教师对课堂教学和学生有了更深刻的认识，对教师的教学要求更高了。教师需要投入更多的精力去学习、研究学生自主学习规律和学生身心发展规律；需要不断思考自己的思想视野和价值高度，引导学生对生命与生活价值的思考、感悟和积极定位；需要思考学生自主学习与发展的根本问题，破解阻碍学生学习进步与发展的问题；需要研究“新课标”与学情，精心设计学生自主学习的问题情境，积极搭建学生自主学习、合作探究学习的平台，充分激活学生思维，有效建设浓厚的自主学习、师生民主、和谐快乐的课堂。

（6）实施“双主式”语文教学的过程，是教师快乐工作的过程，是真正解放学生、解放教师的教学过程，是教师教学水平和能力提高的过程，是教学成绩提高的过程，是教师自主健康发展、成长的过程。

（7）实施“双主式”语文教学的教师具有良好的精神面貌，他们的工作状态是积极乐观、不断学习、潜心研究和静心观察思考的，这是教师自主发展的理想状态，是教师工作的幸福状态。

第三节　对于语文教学与科研的意义和价值

立足核心素养的“双主式”语文教学研究是高中语文教学理念和模式研究与实践上的一种突破和升华，具有积极的实践意义和理论意义。

1.“双主式”语文教学实践价值

“双主式”语文教学能够有效激发学生学习自主性，培养学生的民主意识，养成“自主合作探究”的学习习惯，有效培养了学生自主学习能力和语文核心素养。

“双主式”语文教学能够有效增强教师的教学民主意识，充分尊重学生，充分体现以学生发展为本的新课标要求，教师与学生一起打造民主和谐的课堂。

“双主式”语文教学是促进高中语文教学改革实践的有益探索，对高中语文教学改革具有一定的借鉴和指导意义。

“双主式”语文教学意味着教师对学生能力与潜力的充分信任；意味着教师必须既面向全体学生又尊重个性差异；意味着师生是探求知识真理道路上的伙伴、学习与发展的共同体；意味着师生共同营造民主和谐的课堂学习氛围，使学生真正成为语文课堂的主人；意味着“双主式”语文教学课堂是还学生自主学习的权利、建立在师生人格平等基础上的课堂，是以师生积极交流对话生成为主的课堂，是学生真正成为学习主人的课堂，是充分体现新课标教学理念与要求的课堂，是课堂教学改革追求的课堂，是充满生命幸福与人性光芒的课堂！

2.“双主式”语文教学理论价值

“双主式”语文教学研究与实践是在遵循学生学习规律、身心发展规律和教学规律基础上的探索，是对教学理论、学习理论的有益探索。理论源于实践，实践造就真知。“双主式”语文教学研究源于我自己的教学实践、教学反思和教学借鉴，在此基础上形成了“双主式”语文教学基本理念、原则策略和模式方法。尤其是“双主式”语文教学思想，能够为我国教学理论和学习理论界专家、学者以及广大一线教师提供一种理论研究与实践上的思考和有益借鉴。

总之，立足核心素养的“双主式”语文教学研究是一个适应当前教育改革形势要求的课题，它使课堂教学由狭变宽；师生共同营造民主和谐的教学氛围，让学生成为课堂的主人，有效激发学生的内驱力，促进其自主学习，开阔语文学习视野，将语文核心素养有效落地；它为同行课堂教学实践提供了一个崭新的视角——相信学生、放手学生、解放学生、让学生自主快乐学习成长，其必将影响高中语文课堂教学观念的更新和视野的开阔。

第四节　对于学校管理和社会影响的意义和价值

一、对于学校管理的意义和价值

（1）实施“双主式”语文教学，有效地培养了学生良好的学风，形成了教师自主发展、自觉钻研业务、开展教学改革创新的良好教风，从而促进学校形成良好的校风。这是学校管理追求的重要目标。

（2）实施“双主式”语文教学，为学校树立了教学改革的方向和样板。“双主式”教学成为广大教师认同的教学理念和模式，有效激发了广大教师自主发展、创新教学方法的动力。这是提高教师专业水平与能力提高的有效路径，是更新教师理念、达成教学改革共识、凝心聚力、创造教师团队智慧与力量的重要途径，是教师队伍建设的重要途径，是学校管理所追求的境界。

（3）实施“双主式”语文教学，学生的自主学习能力、学习成绩和核心素养都有了明显的提高。学生乐学，老师乐教，这是教学质量提高、学生健康发展的根本所在，是学校办学与管理追求的育人价值所在。

二、对于社会影响的意义和价值

“双主式”语文教学促进了语文学科教学质量的不断提高，得到了同行的认同，赢得了良好的社会声誉。师生崭新的精神风貌和学生日益提高的综合素质也得到了家长和社会的认同、赞赏，带来积极的社会反响，这是一所学校良好的社会形象、社会声誉和社会价值所在。

第六章 “双主式”语文教学在教学中的运用

第一节 “双主式”语文教学在“任务群教学”中的运用

新课标特别强调 “语文学习任务群”这一理念，它是针对以往浅层的基础知识、孤立的文本理解和单一的课堂教学等局限提出的，体现了从关注学生的基本知识与基本技能向关心学生的关键能力与核心素养的转变。

从学习任务群出发，语文教学设计的最基本单位应该是单元。这里的“单元”不一定对应的是教材中的单元，而是基于课程目标与学科核心素养、由教师结合教材设计意图高度整合的语言文字问题的学习任务，是针对学生的学情解决问题的完整学习进程。

从“课时学习”到“单元学习”，是新时期学习方式变革的具体体现。每个单元内，结构化的知识、挑战性的任务和实践性的学习的整体设计和实施，都有利于学生学科核心素养的发展。从“教学目标”到“学习目标”，是以学生为本的教学理念的具体体现。这体现了从关注“教”向关注“学”的理念的转变，是关注学生的学习过程、以学习结果为导向的教学设计及实施的重要部分。

学习任务群常见的就是单元教学，它是以任务为引领，来整合单元教学，突出统领性，突破单篇阅读的藩篱。因此我们的阅读课不能再只以单篇阅读的方式开展了，而是要放到一个单元教学的情境中去考虑。下面我们以必修上册第七单元课程的学习任务为例，谈谈“双主式”语文教学在单元阅读教学中的实施过程。

一、明确并确定单元教学的任务

我们在开课之前要以整个单元的人文主题以及它在所属的学习任务中所承担的核心任务作为依据，设计单元教学任务，如表 6-1 所示。

表 6-1　必修上册第七单元的课程目录及学习任务计划表

课程目录	学习任务群	人文主题	单元核心任务
14 课《故都的秋》 ★《荷塘月色》	文学阅读与写作	自然情怀	审美鉴赏与创造： 1. 感受文辞之美 2. 分析情景交融的手法 3. 体会民族审美心理
15 课《我与地坛》			
16 课《赤壁赋》 ★《登泰山记》			

其中 14 课和 16 课采用了一课多篇的情况。14 课里出现了《故都的秋》和《荷塘月色》两篇文章，16 课里出现了《赤壁赋》和《登泰山记》两篇文章，其中一篇是精读课，另一篇是泛读课。15 课《我与地坛》是一个单篇，是作为一个精读课来呈现的。这一单元文学体裁均是散文，其中 14 课和 15 课是白话文，16 课是文言文。这个单元共同的学习任务群都是文学阅读与写作，人文主题都是自然情怀。这一单元所有的文章均与自然界的景物有关，它所承担的单元核心任务就是审美鉴赏。我们将其拆分成三个层面的鉴赏：第一是感受文辞之美，第二是分析情景交融的手法，第三是体会民族审美心理。我们在设计任务分解时考虑到学生的差异性，即根据学生实际的知识能力水平进行设计，兼顾各种层次学生的发展需要。所以，我们在单元教学任务设计时是以 “层级化”和“序列化”为目标：“层级化”目标是

指设计不同能力层级的任务让不同学习能力水平的学生分层次完成，“序列化”目标是指遵循由易到难、由浅入深的序列，引导学生一步步地完成任务。因而，我们最后设计的三个核心任务是逐层递进的，从对文字的感受，到情感的挖掘，再到民族审美心理的逐级分析。

二、根据单元教学核心任务，确立单元子任务

首先，根据教材对该单元任务群教学目标的要求，设计单元任务群教学设计计划表，如表 6-2 所示。

表 6-2　单元任务群教学设计计划表

单元任务群设计思路：8 课时 任务群：文学阅读与写作　提升审美素养 方式：比较阅读			
单元子任务一	2 课时	学习情景交融的方法	《故都的秋》 《荷塘月色》
单元子任务二	1 课时	剖析情—景—理的深入阐发	《我与地坛》
单元子任务三	4 课时	文言知识积累 挖掘景物中寄托的复杂情感	《赤壁赋》 《登泰山记》
单元子任务四	1 课时	民族审美视角辨析 写作实践	《故都的秋》 《赤壁赋》

其次，依据单元子任务逐一设计教学课程。子任务一教学计划如表 6-3、表 6-4 所示。

表 6-3　子任务一（第 1 课时）教学设计计划表

子任务一：学习情景交融的方法（第 1 课时）	
课程导入：濡染秋意，创设情境	自主搜集关于秋天的诗句，谈谈秋天带给你的感受

续表

子任务一：学习情景交融的方法（第 1 课时）	
环节一：梳理文章脉络，感受散文“形散神聚”的特点	1. 郁达夫笔下，北国之秋有怎样的特点； 2. 为四幅画面起简短的题目； 3. 你觉得文中哪些内容偏离了写作的核心，它起到什么作用
环节二：填写任务表单，鉴赏写作技巧	自主选择两幅画面，结合语句，辨析写法，分析景物的特点
环节三：解析情景交融的方法，领悟文章的主旨	1. 以炼字炼句的形式，分析作者围绕“清、静、悲凉”选取景物介绍景物特点的巧思； 2. 结合开头、结尾直抒胸臆的语句及文章题目的深意来分析文章的主旨

通过学生的自主学习和合作探究，明确“直抒胸臆”的语句。

开头：我的不远千里要从杭州赶上青岛，更要从青岛赶上北平来的理由，也不过想饱尝一尝“秋”，这故都的秋味。

结尾：秋天，这北国的秋天，若留得住的话，我愿把寿命的三分之二折去，换得一个三分之一的零头。

“一切景语皆情语”语段举隅：

从槐树叶底，朝东细数着一丝一丝漏下来的日光，或在破壁腰中，静对着像喇叭似的牵牛花（朝荣）的蓝朵，自然而然地也能够感觉到十分的秋意。说到了牵牛花，我以为以蓝色或白色者为佳，紫黑色次之，淡红色最下。最好，还要在牵牛花底，叫长着几根疏疏落落的尖细且长的秋草，使作陪衬。

表 6-4 子任务一（第 2 课时）教学设计计划表

子任务一：学习情景交融的方法（第 2 课时） 《荷塘月色》	
环节一：自主填写“任务表单 1”，整体感知文章；自主填写“任务表单 2”，分析写作技巧	1. 了解作者的行踪； 2. 梳理情感的变化过程； 3. 明确 4、5、6 段景物描写的侧重点； 4. 结合 4、5、6 段语句，辨析写作手法，分析景物特点
环节二：自主研读作品，解析“情景交融”的方法	1. 自主研读文本解析情景交融的方法，选择相关语句分析景物描写的交融与互衬； 2. 分析景物变化与作者情感变化之间的关联
环节三：合作探究，比较阅读，剖析中国传统审美倾向	1. 为什么两位作家都喜欢独自赏景； 2. 朱自清、郁达夫两位作家所欣赏的景物有何异同点

通过自主学习，民主合作探究，同学们找出几处典型的“情因景生”语段：

月光如流水一般，静静地泻在这一片叶子和花上。薄薄的青雾浮起在荷塘里。叶子和花仿佛在牛乳中洗过一样；又像笼着轻纱的梦。虽然是满月，天上却有一层淡淡的云，所以不能朗照；但我以为这恰是到了好处——酣眠固不可少，小睡也别有风味的。月光是隔了树照过来的，高处丛生的灌木，落下参差的斑驳的黑影，峭楞楞如鬼一般；弯弯的杨柳的稀疏的倩影，却又像是画在荷叶上。塘中的月色并不均匀；但光与影有着和谐的旋律，如梵婀玲上奏着的名曲。

两位作家欣赏景物的异同举隅：

从槐树叶底，朝东细数着一丝一丝漏下来的日光，或在破壁腰中，静对着像喇叭似的牵牛花（朝荣）的蓝朵，自然而然地也能够感觉到十分的秋意。

——《故都的秋》

树缝里也漏着一两点路灯光，没精打采的，是渴睡人的眼。这时候最热闹的，要数树上的蝉声与水里的蛙声；但热闹是它们的，我什么也没有。

——《荷塘月色》

两位作家共同的审美心态——“物哀”。“物哀”中的“物”是客观存在的自然风物，可以是社会世象、人情百态，“哀”不是悲哀，它是人的主观情感。

“物哀”特质分五大类：感动，调和，优美，情趣，哀感。[①]

在子任务二中，通过对《我与地坛》文本的阅读，重点剖析“情—景—理”的关系，教学设计计划如表 6-5 所示。

表 6-5　子任务二教学设计计划表

子任务二：剖析“情—景—理”的深入阐发（第 3 课时）　《我与地坛》	
环节一：自主填写“任务表单”，感知文本	自主梳理史铁生 15 年间在地坛公园见到哪些人，简述这些人的独特经历，概括他们的共同特点
环节二：片段赏析，技法演练	1. 阅读第一章节，比较第五段和第七段中描写到地坛公园中的景物有哪些区别，揭示出怎样的生存哲理； 2. 结合整部作品分析史铁生母亲以及其他人物与地坛公园的相似之处

①叶渭渠．日本文学思潮史 [M]. 北京：人民教育出版社，2009.

续表

子任务二：剖析“情—景—理”的深入阐发（第 3 课时）　《我与地坛》	
环节三：比较阅读，揭示“情—景—理”的延伸	1. 结合“物哀”审美视角，比较《故都的秋》和《我与地坛》两篇精读课在借景抒情方面的共同点与差异性； 2. 结合具体文段，评价两位作家描写景物的目的

史铁生描写景物举隅，他的目的是“物秉理成，理因物显”。

蜂儿如一朵小雾稳稳地停在半空；蚂蚁摇头晃脑捋着触须，猛然间想透了什么，转身疾行而去；瓢虫爬得不耐烦了，累了祈祷一回便支开翅膀，忽悠一下升空了；树干上留着一只蝉蜕，寂寞如一间空屋；露水在草叶上滚动，聚集，压弯了草叶轰然坠地摔开万道金光。（5 段）

譬如祭坛石门中的落日，寂静的光辉平铺的一刻，地上的每一个坎坷都被映照得灿烂；譬如那些苍黑的古柏，你忧郁的时候它们镇静地站在那儿，你欣喜的时候它们依然镇静地站在那儿，它们没日没夜地站在那儿，从你没有出生一直站到这个世界上又没了你的时候。（7 段）

《我与地坛》和《荷塘月色》《故都的秋》的区别在于《我与地坛》的写景不是仅仅停留在抒情的阶段，而是要上升到“物秉理成，理因物显”的一个哲理阶段。

在学习完情景交融和“情—景—理”的处理方法后，在子任务三中，我们着重挖掘景物中蕴藏的复杂情感，其教学设计计划如表 6-6 所示。

表 6-6　子任务三教学设计计划表

子任务三：挖掘景物中复杂的情感（第 4–7 课时）	
第四课时：自读演练，感受文言意蕴	1. 自读《登泰山记》，疏通文意； 2. 填写任务表单，梳理作者记游的行踪，景物的特点，辨别写法

续表

子任务三：挖掘景物中复杂的情感（第 4–7 课时）	
第五、六课时：精度解析，积累文言知识	1. 精讲《赤壁赋》，介绍作者经历和相关写作经历； 2. 讲授《赤壁赋》文言知识，疏通文意
第七课时：情感的剖析，揭示情感的复杂性	1. 梳理作者“乐—悲—乐”情绪的变化脉络； 2. 结合具体的文段分析苏轼和客人分别借哪些景物来抒发情感，与对方辩驳； 3. 最终介绍主客问答的写作方法，分析苏轼选择这种写法的原因，揭示情感的复杂性

如果从美学的发展看不同文章对景和情的处理，其区别主要来自历史、地域等原因的不同带来的民族审美视角的不同。在单元任务群设计的最后，我们通过对中国和日本关于“物哀”这一审美视角的差异性辨析来比较赏析《故都的秋》和《赤壁赋》两篇文章，其教学设计计划如表 6-7 所示。

表 6-7 子任务四教学设计计划表

子任务四：民族审美视角的辨析（第 8 课时）	
环节一：知识迁移，民族审美视角解析	介绍中国“物哀”审美视角和日本“物哀”审美视角差异性
环节二：比较阅读，写作实践	1. 比较阅读《故都的秋》和《赤壁赋》两篇写景抒情散文，从“物哀”审美视角进行赏析； 2. 写作训练。撰写一篇 600 字左右的评点文章，结合课外阅读，阐释自己对“物哀”审美视角的理解

必修上第七单元的单元教学设计，以遵从统编版教材的编写体例和《课程标准》任务群教学方法的要求为标准，探索任务群下每一个子任务和每

一课的教学如何去展开。精读课首先以单元整体设计构想，然后进行课的设计，最后才是单篇的设计。本单元教学是以比较阅读策略为途径展开的，我们在教学中要依据单元教学的特点选用最适切的阅读策略推进单元教学这种新的教学方式。

总的来说，《课程标准》在“课程结构”中提出：“学习任务群追求语言、知识、技能和思想情感、文化修养等多方面、多层次目标发展的综合效应，而不是学科知识逐‘点’解析、学科技能逐项训练的简单线性排列和连接。”由此，在实际教学中，就应该打破碎片化的“面面俱到”式的分析讲解，而要挖掘教材的核心教学价值点，在专题教学上着力。这就要求我们在新课程实施的过程中一定要结合每一单元的学习任务群目标、结合具体的文本特点，挖掘教材的核心教学价值点进行大单元教学设计。单元专题的设置可以是主题，可以是典型语用现象、典型文学现象，也可以是融合了学科重要知识的任务。我们清楚地把握课程目标，从单元出发，以语文核心素养的视角来审视篇目教学、知识教学的作用，引入有助于达成单元目标的各种类型的篇目文本，有机融入阅读与鉴赏、表达与交流、梳理与探究等学习活动，引导学生在运用语言的过程中大量阅读、深入阅读、自主阅读，提升语文素养。

我们还要明确，单元教学作为一种新的教学方式，并不是要摒弃传统的单篇教学。单篇教学和任务群教学是相互依存的关系，单篇教学一直在我们的教学中占据重要的地位，对学生语文学习的推进与落实起到了重要的作用。事实上，教师都是从教一篇一篇的课文，然后一步步扩展到一个个学习任务群的建立与落实。单篇课文的阅读与教学是语文教学改革的立足点，把这个“一”的价值真正发挥出来，“群”的存在才有意义。我们从“一”出发，在指向任务群学习的课文教学的基础上，进一步探索任务驱动的语文实践活动。如果我们有了素养的意识，并能围绕素养去设计整合单元教学，为了实现这个最基本教学单位的目标，就可以引入多种类型文本的整合。至于各篇目哪些精读、哪些略读，哪些只是快速浏览，包括篇目在单元中的定位、衔接，以及多篇文章的分组与结构，这是一个系统设计的结果。

第二节　“双主式”语文教学在“文言文教学”中的运用

文言文是语文课程的重要组成部分之一，在语文教学的各个阶段都占有很大比重，统编版教材更是大大增加了古诗文的比重。《课程标准》提出：“教材编写要高度重视继承和弘扬中华优秀传统文化，助力学生增强民族自尊心、爱国感情和文化自信，形成正确的世界观、人生观和价值观。”统编版高中语文教材中明确设置了“语言积累、梳理与探究”“中华传统文化经典研习”“汉字汉语专题研讨”“中华传统文化专题研讨”四个与古诗文学习密切相关的学习任务群，文言文学习的重要性不言而喻。

我们从统编版教材四个学习任务群的设置明显看出“文言”与“文化”都是文言文教学的重要目标。新的《课程标准》提出语文核心素养分为“语言建构与运用”“思维发展与提升”“审美鉴赏与创造”“文化传承与理解”四个方面，那么对应到文言文的教学中，文言文教学目标理应包含“文言知识”“文学审美”“文学思维”“文化传承”四个方面。《课程标准》在学习任务群4“语言积累、梳理与探究”中提出：“培养学生丰富语言积累、梳理语言现象的习惯，在观察、探索语言文字现象，发现语言文字运用问题的过程中，自主积累语文知识，探究语言文字运用规律，增强语言文字运用的敏感性，提高探究、发现的能力。”其又在学习任务群13“汉字汉语专题研讨”中提出：“本任务群是在必修和选择性必修‘语言积累、梳理与探究’的基础上，就汉字或汉语的某一问题，加以归纳、梳理，训练学生从应用中观察语言文字现象的能力和总结规律的综合、分析能力，旨在加深学生对汉字、汉语的理性认识。”两个任务群的目标均提出让学生积累、梳理课内知识，总结古汉语运用规律。

综上所述，我们在文言文教学中，需要“言”“文”结合，既要关注文言文的语法知识，又要重视文言文的思想内容和文化精神。因此，高中文言文教学应在核心素养理念的观照下，做到遵循语文教育规律，脑中有“标”（课标），目中有“人”（学生），胸中有“书”（教材），心中有“术”（方法），从而实现课堂有“效”（素养）。其中的有“效”，即我们达到的教学目标，是学生对文言壁垒的突破，即眼前的所谓“成绩”和学生长远的语文素养及人文素养的整体提升。在教学时，我们更多的是根据《课程标准》，明确文言文教学目标的四个维度“文言积累”“文学审美”“文学思维”“文化传承”和八个能力层级（表 6-8），然后通过科学的教学设计，将目标有效落实。

表 6-8　文言文教学目标

目标维度	能力层级	具体目标
文言积累	诵读	能够准确诵读文言文，能准确句读、入情朗读
	背写	背诵默写初高中常见的文言文名篇（32 篇）和诗词曲（40 首）
	识记	1. 梳理、熟悉课内常见实词（120 个），并能依据上下文语境推测解读常见文言实词意义； 2. 梳理、识记常用的 18 个文言虚词的意义和用法； 3. 梳理掌握课内出现的文言文现象：特殊句式、一词多义、古今异义词、词类活用、通假字； 4. 梳理掌握常见的古代文化常识； 5. 掌握古代诗歌的文体特征和常见抒情方式、表现手法

续表

目标维度	能力层级	具体目标
文言积累	理解	1. 能通过归纳梳理掌握古代汉语表达特点和规律； 2. 能阅读浅易千字文言文，具备识文断句和阅读理解的能力； 3. 在积累的基础上，形成良好的语感，能将古代诗文准确规范翻译成现代汉语
	表达应用	1. 学习传统文化经典作品的表达艺术，感受民族语言的博大精深与文化之美，借鉴文化经典的写作方法，提高自己的写作水平； 2. 能学习运用评点方法记录自己的感受和见解，不断提高独立阅读和思考能力； 3. 选择一部（篇）作品，从一个或多个角度分析撰写评论
文学审美	鉴赏评价	1. 阅读古代文学作品后能感受形象，品味语言，明晰表达技巧，能评价文章的思想内容和作者的观点态度； 2. 具有积极的鉴赏态度，注重审美体验，能领悟作品的丰富内涵，体会作品的艺术表现力，产生自己的情感体验； 3. 努力探索作品中蕴含的民族心理和时代精神，不断了解人类丰富的社会生活和情感世界，最终陶冶性情，涵养心灵
文学思维	专题探究	在具有一定阅读积累的基础上，选择代表中华优秀传统文化的内容组成专题进行深入研讨，就传统文化的历史价值、时代意义和自身局限等问题，用历史和现代的观念进行审视，表达自己的看法
文化传承	文化浸润	1. 积累丰富阅读体验，通过阅读中华传统文化经典作品，体会其精神内涵和文化价值； 2. 培养民族审美情趣进一步形成良好的个性、健全的人格和高雅的品位； 3. 增强自身文化自信，提升对中华民族文化的认同感、自豪感，继承和弘扬中华优秀传统文化

在文言文的教学目标确定后，我们便在课程实施的过程中根据教材任务群目标和所选文言文篇目特点进行科学合理的设计。下面我们以“双主式”语文教学模式中的“启发探究式”教学模式为例，谈谈文言文教学运用。

一、文言文教学的教学流程

（一）课前布置前置作业

对于高中学生，我们在教学时要有一定的引领，不能只是简单地告诉学生预习课文，否则学生会很盲目，并且效果也不会很好。所以，教师课前一定要用心设置几个学习任务，并遵循“简单、根本、开放”的原则。下面是两个必备环节。

1. 诵读

在文言文教学中，教师一定要引导学生多诵读，以培养学生的文言语感。

我对诵读提出要求：眼观其文，口读其声，耳听其言，脑思其义，把眼、口、耳、脑都动员起来。认真仔细地阅读三遍，第一至二遍，先把文章读顺，主要是扫清文字障碍，可以按照课下翻译，大致理解文言文的内容。第三遍要认真地富有情感地去朗读。在阅读中可以把不懂的词和句子画出来，或者是在难以理解的地方做上标注。诵读时不仅要读清句读，更要读出文章的思想感情。

叶圣陶先生说：“从前人读书，多数不注重内容与理法的讨究，单在吟诵上用工夫，这自然不是好办法。现在国文教学，在内容与理法的讨究上比从前注重多了；可是学生吟诵的工夫少，多数只是看看这又是偏向了一面，丢开了一面。惟有不忽略讨究，也不忽略吟诵，那才全而不偏。吟诵的时候，对于讨究所得的不仅理智地了解，而且亲切地体会，不知不觉之间，内容与理法化而为读者自己的东西了，这是最可贵的一种境界。”

这里“理智地了解”“亲切地体会”，便是语感训练时包括感知、理解和情感体验在内的言语活动过程。

2. 翻译

这项前置作业便是要求学生参照书下注解和课外资料，对文言文进行翻译，将重点和难点用不同颜色的笔做好标注。所说文言文中的重点便是炼字炼句和章法结构。从字句而言，便是与现代汉语表达的不同之处，比如特殊句式、古今异义词等；从章法来说，便是作者谋篇布局的智慧。难点也是我们学习文言文的最终落点，即文化的传承和理解，即文言文所传达的“言与志”——中国先贤们的情思和智慧。

以上两项任务是每篇文言文固定的预习内容。

（二）课上展示前置作业成果

1.“读”的展示

学生可以自主选择展现的方式，常见的是诵读、吟唱、个人读、小组齐读、角色朗读等方式，而一些古诗文学生多以吟唱的方式展示，尤其是一些长篇要求背诵的篇目。如白居易的《琵琶行》，那么长的篇幅，学生背起来确实有难度，但是他们喜欢唱。近些年古风音乐比较流行，孩子们学起来就容易得多。我坚信兴趣是最好的老师。记得当时我是在周末留的前置作业内容——学唱《琵琶行》，没想到下个周一上课时全班三分之二的同学都会唱了；待到学完课文，全班同学都能背着唱出来。我一直认为给学生展示的环节很重要，因为我坚信每一个学生都有“向好”的心理。

2. 活动成果展示

根据文言文的课程内容，我会经常设计一些真实的课堂情境活动，让学生在活动中体会祖国传统文化的魅力，在情境任务的驱动下学会语言的运用。比如根据课文内容给学生民主自主的空间，让他们以小组为单位任选一种方式自主展示学习成果，这样，学生的个性特长便会被充分激发出来。同学们有将文言文改编成课本剧的，有改编成小说的，有拍成短视频的，有写成说书脚本的，等等。这样的学习过程再加上与历史人物遭遇的结合，就很容易将学生带入那个特定的时代，还原故事情节，读出文言文的语感，感悟人物情感，领悟文言文的美感。读多了，理解透了，学生养成文言文素养便水到渠成，正所谓“读书百遍，其意自见”。每每想起同学们的精彩表现，我总是感慨万千，只要老师充分相信学生、放手学生、依靠学生，给他们民主自主的平台，他们真的是潜能无限，很有创造力，会创造出一个又一个意想不到的精彩。

3. 质疑交流探究

同学们以小组为单位自主将各自问题进行分享交流，他们互相讨论答疑解惑，最后小组将没解决的问题集中起来拿到班级层面集体解决。同样如果小组之间可以互相解决的还是同学解决，解决不了的教师再启发引领，以民主探究的方式共同解决。

（三）自主梳理知识，进行总结提炼

同学们在交流探究分享后，因为个体的差异性，每个人的元认知是不同的，收获也固然不同。老师组织学生对所学知识自主整理，形成自己的知识建构，这个环节是非常重要的，它是每个学生独特的、真正的认知收获。我想强化学生自主梳理总结的意识，所以，我最先是以民主的方式进行“总结笔记名称”的征集，最后同学们一致认为“叶子笔记”这个名称好，因为世界上没有两片相同的叶子，而我们的笔记如果都根据自己的认知和学情自主梳理，也是独一无二的，所以就称之为“叶子笔记”。笔记梳理的主要内容是教学目标识记能力中的实词、虚词、课内出现的特殊文言文现象和常见的古代文化常识。梳理作业的过程不是简单的碎片化整理，而是知识的一个系统整合和建构的过程。

二、文言文教学内容设计

有人问文言文在教学时有没有一些相对稳定的必讲内容，或有什么规律可循。这一定是有的，只是不同的文体有着一些不同的侧重点，体现文体本身的特征罢了。关于这一点，我觉得毛刚飞老师对入选到中学教材里面的文言文分类概括很有借鉴意义，他把文言文基本上归为十大类，每一类文体都有共同的特点。

（1）史事传记类文章，在春秋笔法中见证历史的波澜和传主的人格。

（2）诸子散文类，在神奇想象和飞扬文采中领略逻辑和思想的魅力，尤其是孟子的飞扬文采和庄子的神奇想象里包含的逻辑、思想。

（3）传奇小说类，在情节中把握人物鲜活的性格。

（4）游记小品类，在优美生动的语言（也可以说简练的语言）中感受秀丽山水和名士情怀。

（5）政论辩说类，在严密的论证中体会文人的入世精神和思想锋芒。中国传统士大夫都很有担当，很有使命感。

（6）诗词散曲类，在古典的意境、和谐的节奏中把握诗人的心灵律动。

（7）骈文辞赋类，在铺采摛文、体物写志的形式中鉴赏作者的行文技巧和情怀思想。

（8）古代戏曲类，在矛盾巧合的冲突、雅俗共赏的语言中见识风土人情和世俗价值。

（9）书信公牍类，在得体言词和真诚达意的张力中感受交往的艺术。

（10）序跋赠言类，在客观的叙述和简明的评价中见主客著文的意图。

观察总结以上每一类的规律，前面是文言文的文体特点，后面是教学重点，基本将文言文教学的支点提炼出来了。因此在教学中，我会根据文言文的文本特征开发设计教学内容。以《六国论》的教学设计为例。对于一篇政论文，我们先让学生自主诵读，然后就是鉴赏。鉴赏什么？首先，鉴赏精当的论证结构。《六国论》论证结构有什么特点？这种特点有什么好处？对我们写作有什么启发？其次，鉴赏精准的论据。作者为什么要选择这些论据来论证自己的观点？最后，鉴赏精巧的立意。作者在当时的情势下展现了一个文人怎样的思想和士大夫的使命担当？这种思路是按照文章的体式特点决定教学内容，同时在揣摩文章的内容时体味文化的内涵与精神。

三、文言文教学的多彩活动

新课程改革以来，我们经常提到的是“任务群教学”，那么作为教师首先要明确什么是“任务”。“任务”即问题性、情境性、实践性，强调由“学科本位”到“学生本位”的转化。从“学习内容”到“学习任务”，虽然只有一词之差，却是语文学习本体定位上从“知识文本”向“语言实践活动”转化的重要标志。因此，以往的讲解式、分析式的文章教法自然会发生变化。学生从被动学习转变为主动自主学习，教师从讲授转向指导、师生民主协作；以往教学多注重知识技能与内容呈现，现在多考虑基于学科核心素养的情境建构，以及如何在学生需求分析的基础上帮助学生理解、运用。《课程标准》要求：“语文课程应引导学生在真实的语言运用情境中，通过自主的语言实践活动，积累言语经验，把握祖国语言文字的特点和运用规律。”其特别强调在真实的语言运用情境中学习语文，因为语文课程就是学习语言运用的课程，而语文的运用又存在于日常生活之中。在真实的语言运用情境中学习语文，不但能激发学生的学习兴趣，增强学习的目的性、问题意识、任务意识，而且能学以致用，便于知识的建构与能力的提高；反之，如果语文学习离开了真实的生活，只是几条抽象的条文，对于提高学生的语文能力没有太多的用处，也不利于学生语文素养的形成与发展。

语文学习情境既要包含语言学习的文本、语言运用的基本规则，又要包含一系列相互联系的、真实的或接近真实的、有变化的语言运用情境，以及在这组情境中展开的具体的、可控的语言实践活动。所以，语文教师应根据新课标和新教材内容在教学中创建有意义、多样化的情境活动。只有设计出这样的语文学习情境，并在这个情境中引导学生开展积极的语言实践活动，学生才不会再局限于支离破碎的文字咀嚼中，而是饶有兴致地去主动经历知识的获得过程，从而实现语文教学的核心价值。

需要注意的是，教师在创设情境时一定要注意情境与阅读文本和学生生活经验相关联，因为文本和生活经验之间是双向的动态关系，学生会将自己的生活经验带入文本，而文本也会丰富学生的生活经验。教师在设计情境时要结合学习的主题，将整个学习内容、学习进程都置于情境之中。同时创设的情境应具有一定的综合性、开放性和挑战性，能够激发学生的兴趣，挖掘学生特长，引导学生广泛而深度地参与，让学生在活动中自主建构语文学科知识体系，提升思维品质，传承优秀传统文化。

（一）文言文教学中字词处理的原则

“文言”的识记部分是一个重要的环节，也是文言文教学的一个难点，它是读懂一篇文言文最基本的要求。我们要摒弃带领学生简单机械的记忆枯燥的义项，寻找一个路径，激发学生的学习自主性，养成举一反三的习惯，提高他们的语文素养，让文言文中的“言”能够立起来，活起来。

文言文教学，我们首先要在词句上下工夫，也就是“言”的问题，因为词语句子的字义，是读懂文章的第一步，也是很关键的一步。在教学中，如果简单地将字词的含义讲给学生，那么不只是课堂上枯燥，更多的是长此以往学生被动地接受知识，死记硬背，抹杀了他们天生好学的天性。因此，“双主式”语文教学在每一个教学设计中都是把学生自主学习潜力的激发和民主氛围的营造放在首位，也就是学生能自己学懂的，教师不要越俎代庖；当然教师也不是不讲，而是讲在关键处。王荣升教授在处理文言文字词的原则上就给我很多的启示，包括以下几点。

1．放过

有些词句不必处理，包括两种情况：一是古今一致或学生理解不困难的就不必处理；二是生僻的难字、难句，教科书有浅易注释的，一般让学生借助注释，知道即可，不必过多纠缠。

2. 突出

与现代汉语相比，意思上“同中有异”的常用字，要突出讲解，并可适时补充词汇知识。

3. 深入

集中体现作者情意和思想的章法考究处、炼字炼句处和需要学生根据生活经验去具体感受的字词语句，这两类要深入探究。

比如“发而视之，寂无所有，举烛而索，中有死鼠”中的“发”和“索”就需要学生想象书童的动作举止和神态。再如柳宗元的《始得西山宴游记》，柳宗元自述“恒惴栗”，教材上仅仅解释为“常常忧惧不安”，这是不准确的。文章的背景是王叔文变法失败，当年被拿下，次年被处死，而柳宗元也是被一贬再贬，所以柳宗元的“惴栗”，不是一般的恐惧害怕，而是“每时每刻都在害怕”。

4. 分离

考试中出现频率较高的词句，主要靠记忆。这与所学习的文言文理解感受没有什么关系，因此要与阅读教学相对分离，或放在课前，或放在课后，或布置家庭作业，强化记忆，不能与文言文阅读教学混合。

在上述“突出”和“分离”这两方面，教师要重点引领学生去学习和记忆。在长期的语文教学实践中，我和学生共同探索开发了几种行之有效的方式，促进学生积极自主学习，在应用中生成观察语言文字现象的能力和总结规律的综合分析能力，在民主、轻松、愉快的氛围中获取文言知识，加深学生对汉字、汉语的理性认识。

（二）师生合力巧记文言“字词”

1. 组词接龙法

中国的文字绵延几千年从来没有间断，所以，字的含义也必然有历史的传承和些许的演变延伸。我们在处理文言文重点字词的解释时，对一些跟现代汉语比较接近的相对容易的词，便采用组词接龙法。这种简单的方法就是将文言文的单音节词变成双音节词，然后再根据具体语境确定文言实词的词义。比如“安”字，它的常见义项我们通过组词基本可以解决90%：安定、安全、安稳，安逸、安乐，安详，安宁，安抚，安排、安置，安心，安装。仅剩的其他两个义项“缓慢”（安步当车）、“哪里，怎么”（安能摧眉折腰事权贵？）我们也很容易便记下了。

2. 巧借造字法

高中文言文实词、虚词教学要有寻根思维，讲清字理，跳出对文言词义的机械记忆。字里有乾坤，字里有春秋。教师要让学生明白汉字是表意文字，汉字的字形和字意有密切的关系，我们可以借助汉字的字形来掌握古汉语的词义。教师要善于引导学生从汉字“六书”这个字理中寻得意义和用法，从字词中的“理”中窥见古代社会的生活、风俗、文化等现象与特征，并打通古今，适当地进行当下链接，让“语言的建构与运用”变得可行易行，同时也会很好地践行文言字词教学的“工具性和人文性的统一”。比如我们通过查阅资料，了解到《说文解字》中收汉字 9353 个，其中形声字 7697 个，占 82%。而老祖宗造字时，形旁就是用来表意，声旁就是用来表声的。这些字的形旁就跟字义有紧密联系，比如“王”跟“玉石”有关系，“贝”跟财物有关。学生通过学会汉字造字法，可以帮助自己对文言词义的理解。

我在课堂上常引领学生采用 “见字拆字”、寻根溯源的办法，鼓励学生自主地用工具书弄清本义，然后生发引申弄清一个词的意义群体。比如常见 120 个实词，班级一般是 40 名左右学生，我给学生布置任务，每个人负责 3 个字，然后建议学生分几个步骤完成对实词的解释：第一步，找前世，即通过溯源，找到造字时最先意思；第二步，看今生，我们现在都有哪些引申义和比喻义；第三步，借成语，即找到一些包含此字的成语，并解释其中的字义；第四步，学致用，找到教材中或高考题中包含该字的句子，出小卷，限定为5句话，检测同学的学习效果。例如“兵”字是文言文中一个高频词，学生通过自主学习，了解了“兵”的前世今生，在课堂上分享说：它的甲骨文是两手持兵器，故本义是“兵器”；由兵器引出拿兵器的人——士兵；再由士兵引申出“多个士兵”——“军队”义；再由士兵、军队打仗引申出打仗时的谋略战术——“兵法”义。以此环环相扣，便于学生深入理解意义群。

再比如，对一些容易弄混淆的形近字，我常鼓励学生去自主借助工具书查阅它们的“前世”，以期学生更深刻地理解字义。我在教《劝学》后经常得到的反馈是：很多学生对于文中两句话的默写总是出错。这两句话是“假舆马者，非利足也，而致千里”与“故不积跬步，无以至千里”。这两句中的“致”和“至”，学生屡写屡错。因此在教授过程中，我给学生布置了一个任务，让他们回去查参考书《说文解字》，运用“六书理论”将这两字的区别弄明白。学生经过亲自的查阅学习后，明确了“至”与“致”的关系。

“至”，象形字。《说文解字》：“至，鸟飞从高下至地也。从一，一犹地也。象形。不，上去；而至，下来也。”因此“至”的本义为“到来、到达”。“至”的甲骨文、金文、小篆写法如图6-1所示。

图6-1　“至”的古文字写法

“致”，会意字。《说文解字》：“致，送诣也。从夊从至。”清代段玉裁《说文解字注》：“送诣也。《言部》曰：诣，候至也。送诣者，送而必至其处也。”“致”，左边为“至”，右边为“夊”[①]。“致”的小篆写法及其构成如图6-2所示。

①“致”右侧部件古代作“夊”（3画），不与“攵”（4画）相混，今天规范字形统一作“攵”（4画）。

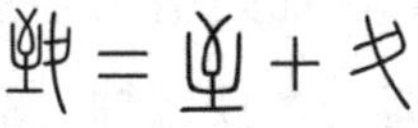

图 6-2　“致”的小篆写法及其构成

“夊”，象形字。《说文解字》：“夊，行迟曳夊夊，象人两胫有所躧也。”其甲骨文为“止”的倒写，象脚掌向下之形。“夊”的甲骨文、小篆写法如图 6-3 所示。

图 6-3　“夊”的古文字写法

从“至”“致”“夊”三者的古文字可以看出，“至”“致”二字的区别就在于“夊”。两者都有“到达”之意。但“致”因多了“夊”，这个“到达”的意思确切地说是“凭借他人的帮助而到达”，这正与文中“假舆马者，非利足也，而致千里；假舟楫者，非能水也，而绝江河”一句意思吻合；相反，“至”就是指“不借助外物的力量自然到达”。弄懂两个字的历史，学生再也不会在这方面出错了。最可贵的是这种方法激发了学生的自主学习兴趣，他们再遇到一些难区分的字时，便会通过相关资料自主查阅字源，了解这些字的来龙去脉。

用“六书”理论进行文言文教学是一种值得推广与普及的文言字词教学方法。汉字的形体结构很奥妙，通过对汉字形体的分析，一方面锻炼了学生的思维能力，另一方面由形而义的过程也是有道理可言的。因此，学会用此方法进行文言文学习，学生学得透、学得活，还学出了方法和能力，足以代替机械地死记文言词义的方法。

3. 借用成语推断法

因为成语中保留着大量的文言词义，所以在教学中遇到难解的词义时，我不会直接告诉学生什么意思，而是借用学生可能知道的成语去引领他们自己说出它的用法。比如在高一教授《烛之武退秦师》中的一句“夫晋，何厌之有？”时，学生对“厌”字的理解就有困难。他们已有的认知中“厌”有讨厌、厌恶、厌倦、厌烦等义项，但是放到语句中都解释不通。我便启发他们回忆学过哪些含有“厌”字的成语，学生们七嘴八舌地回答“兵不厌诈”“不厌其烦”“贪得无厌”等；我接着问“大家觉得这里哪个成语中的‘厌’适合这个语境？”，同学们便异口同声地回答：“‘贪得无厌’中的‘厌’，是‘满足’的意思。用在这里，说明晋君的不满足，贪得无厌。”文中这样的例子很多，比如“至丹以荆卿为计，始速祸焉。”可以联系“不速之客”的“速”（招致），“腥臊并御，芳不得薄兮”可以联系“日薄西山”的“薄”（接近），等等。如何引领学生用成语迁移识记词义，也是对教师的考验。教师首先能想到，才能对学生进行启示。经过课堂实践，我发现的问题是学生对大部分成语的意思是理解的，但是换个语境就很难做到知识迁移。所以，教师要用民主的方式去营造轻松的氛围，鼓励学生勤思考、敢表达，激发他们的自主性，使其用熟知的成语来推断文言文中难以理解的词语含义，渐渐让学生养成自主联想迁移的习惯，促进他们思维的发展和提升。

4. 课内迁移法

文言文中常见的字有3000多个，最为常见的不足2000个，其中意义比较复杂、用法也多的仅占半数，那余下的一半或意义比较单纯，或词义变化不大。在高中阶段能够熟练掌握200至300个常见文言词语，熟悉一些常见的文言句式，完全可以达到高中语文课标中要求阅读浅近文言文的能力。同时我们也可以看出，在学习的文言文中，很多字词是反复出现的，而文言文考试涉及实词解释这种题型时常考四类重点词：一是通假字；二是古今异义词；三是词性活用；四是一词多义。所以教师在教学时一定要叮嘱学生自主梳理总结，把课本中的通假字、古今异义和常见实词记熟。

这样学生在阅读一篇新的文言文时，遇到相同的通假字、古今异义只需要直接把它的意思搬运过来就可以了。如遇见常见的实词、虚词，我们便要用联想迁移法，将课文中已学过的知识迁移到新的语言环境中，将多个义项一个个放到语境中比对，根据具体的语境去判断，这样就不难做出正确的解释了。

5. 句式推想法

文言文中的排比句、对偶句比较多，我们利用结构相似句式中位置对称的词语一般词性相同且意义相近或相反的特点，由已知推出未知，由易推出难。比如在讲《涉江》一课时，遇到“忠不必用兮，贤不必以”这句时，同学们对其中的“以”字理解困难。我启发学生：“这两句中前一句的‘兮’是语气词，没有实在的含义。那么如果去掉它，大家看一下这两句的句式特点怎么样？”学生马上就发现是对偶句。我顺势问道：“对偶句的特点是什么？” 学生又答道：“它是成对使用的两个句子。这两个句子字数相等，结构、词性大体相同，意思相关。”我又追问道：“‘意思相关’具体怎么理解？”学生回答：“一般体现为前后意思相似或相反。”对话到此，学生们观察到“忠”和“贤”位置相同，意思相近；“用”和“以”位置相同，那么意思也该相近。而“用”的意思是拿得准的，随即“以”的意思是“任用”就很容易推断出来。课内这样的句子很多，比如“灭六国者，六国也，非秦也；族秦者，秦也，非天下也”用“灭”推断“族”，“信而见疑，忠而被谤”用“被”推断“见”，“不积跬步，无以至千里；不积小流，无以成江海”用“小”推断“跬”，等等。

总之，以上只是我在实践中比较成熟的一些小方法。随着信息技术的发展，我们也在探索用影像的方式助力文言文字词的识记。我给学生搭建平台，帮助他们制作“说文解字”小视频，调动学生的学习兴趣，激发学生的自主性，使文字不再是简单的符号，而是能够立起来、活起来的有声有像的视频。

（三）用“情境式”任务驱动学生自主学习

对一些故事性较强的文言文，我除了按照惯例将重点的字词句和文常与同学共同处理外，还着重在二次创作上下工夫，以“情境式”任务驱动方式促进学生自主学习。比如在讲《鸿门宴》后，我布置了一个任务：故事大会开讲啦，请同学们从不同的叙述视角讲述《鸿门宴》的故事。同学们脑洞大开，上交上来的作业让我惊喜不断。如果说从文本中出现的人物如张良、樊哙、曹无伤、项伯的角度讲述是我想到的，但我没想到的是学生们会以宝剑、骓、虞姬甚至是说书人的角度来讲述这个故事。大家写的脚本认真规范，讲得有模有样，在课堂展示中接连不断地创造精彩。

以下附两篇学生创作的代表作品。

《鸿门宴》二次创作（说书人视角）

道德三皇五帝，功名夏后商周。七雄五霸斗春秋，顷刻兴亡过手。青史几行名姓，北邙无数荒丘。前人田地后人收，说甚龙争虎斗。

各位客官，今儿个咱们要说道说道的，乃是那霸王项羽和草莽刘邦之间的恩恩怨怨。一切呢，还得从头说起。

话说那秦末时期，刘邦与项羽各自攻打秦朝的部队。刘邦的兵力虽不及项羽，但他先破咸阳。这让那项羽勃然大怒，派英布击函谷关。刘邦的左司马曹无伤又是火上浇油，派人到项羽面前说刘邦打算在关中称王。项羽听了能不怒？这下子可是个怒火中烧，立马下令道：“旦日让我将士们好吃好喝一顿，一举击败刘邦！”一场恶战在即。

这时事情又有了转折。那项羽叔父项伯和刘邦座下谋士有旧交情，连夜奔驰去找那张良，把事情娓娓道来。从谋士张良口中得知此事后，刘邦是惊慌无比，这于他而言怎么不算个救命之恩呢？刘邦两手恭恭敬敬地给项伯捧上一杯酒，祝项伯身体健康长寿，并约为亲家。刘邦的感情拉拢感动了项伯，项伯答应为之在项羽面前说情，并让刘邦次日前去找项羽谢罪。

鸿门宴上，虽不乏美酒佳肴，却暗藏杀机。项羽的亚父范增，那可是一直主张杀掉刘邦的呀！在酒宴上，他一再举玦示意项羽发令，项羽却起了妇人之仁，默然不应。范增无奈啊！他另生一计，又召项庄舞剑为酒宴助兴，想趁机杀掉刘邦。可是项伯为保护刘邦，也拔剑起舞，掩护了刘邦。这可把范增急坏了，这剑是舞个没头了，也不知刘邦头上的汗珠冒不冒得完。在危急关头，刘邦部下樊哙带剑拥盾闯入军门，怒目直视，斥责项羽："此亡秦之续耳！"项羽见此人狮鼻阔口，气度不凡，顿时心生警惕，喝问："来者为何人!?"得知为刘邦的骖乘时，即命赐酒。樊哙立而饮之。项羽一见："壮士！"又命赐猪腿。樊哙举剑卸肉，生撕活吃。项羽见了直夸："壮士！壮士啊！"又问："可复饮乎？"樊哙回答："臣死且不避，一杯酒还有什么值得推辞的。"见项羽暂无杀心，樊哙乘机说了一通刘邦的好话，把那项羽说得无言以对。刘邦乘机一走了之。他留下张良为自己善后，交与他玉器来讨好项羽。张良入门为刘邦推脱，说刘邦不胜饮酒，无法前来道别。他向大王献上白璧一双，并向那亚父范增献上玉斗一双。头脑简单的项羽收下了白璧，老谋深算的范增却气急败坏，拔剑将玉斗撞碎，大喝道："夺项王天下者必沛公也！"良禽择木而栖，贤臣择主而事。已然看到穷途末路，这范增是个真性情！

再看刘邦，这厮已逃回帐中，好一个心狠手辣，高声呼道："立诛曹无伤！"

我在这儿呀，只能给各位客官说一句：刘邦暗中控制洞察秋毫，项羽重情重义盲目自信，性格各异不一般，没有什么奇怪可言！

欲知后事如何，且听下回分解。

情之所钟者，不惧生，不惧死，不惧分离（虞姬的视角）

他总赠给我珊瑚或羊脂玉打的配饰，贝母白似的色泽自罗帐倾泻，星星点点地透过纱帘，觅着烛火布缀天地。但我不常去佩饰，都说闺家之物少阳多煞，战场瞬息间死生天定，只恐佩了玉器便多了阴鸷，平白添出晦气。

他身上的伤疤如同他赠我的各色玉环，扭扭曲曲的疤密布全身，哪怕匿在榻上的锦被中依然骇人。手指从下颚，到胸腔，再划过肋旁的肌理剜至后腰，看他旧痂负了新伤，暗沉的紫色浇上一层淋漓的红，像极烛芯外的玛瑙罩。

边塞多寒，过夜便是霜覆秋草。朝日渗了尸首的血色，似腥肉未经烤炙时的焦黄油渍，抹晕开，腻得让人反胃。风挤进窗隙，夹杂野火灼朽的煳味，帐外又在连席炙肉，听大王说是要宴会沛公。炊烟杂了野塞的狼嚎，一声声地吊人三魂六魄，直至螺黛蜷紧，我又缩回了营帐，任由风且悲且狂地吹起帐绳。在黄沙弥散形成的纱中，模模糊糊地，我被迷了眼，取手帕去擦，上面依旧没有戴他赠给我的玉环。

其实我总会做梦，做很多梦，梦见湖边的铃兰被焚毁，芷白的花瓣顷刻间变得焦黄，继而在零落的风中弥散，化作炭黑色的尘灰瞎了双眼。我又惊醒，见他又在拭刀，刀刃已经不再是铁质的银光的，在难以磨灭的划痕之间，早已渗透了更难磨灭的重重杀孽。有些事情是不必言说的，他的眼会告诉我，正如他告诉我他会胜秦一样。今日走进帐营的是沛公，明日走出帐营的，绝对不会是沛公。

阿修罗的杀孽之焰会烧到哪里？梦里那些暗红色的焚烬，那些永劫，多少是入了炼狱的暴君所承的苦厄。大王会不会也成为那般田地？

我又开始抚摸他的伤口，仔仔细细地描摹，似画师勾勒丹青，勾勒着下颚处的伤疤。那里已经结痂了，尖端止在颈窝下的一点，只需要再往上些，不用很多，只需厘毫之间，便能划开我们二人的死生之限，自此永隔星海，非至黄泉忘川，难再相见。

“项郎。”我不该这样喊他的，不带尊称。但即使是冒犯，我依旧在用最能触动他的语言开口，与他说话。

“项郎，算妾身乞求，莫再平添杀孽。”

我在帐中见那沛公奔逃而去，帐中一时也不再哄乱。那刺客似乎也无杀意，便又褪去鞋饰，凭栏泼古而望。长风万里绕指不散，我端详许久妆台上的玉镯，吹了烛光，一夜难眠。

许多事是如针隐缀，时间越久，便锋芒毕露，刺得人生痛。自鸿门一别，刘邦的兵马日益壮大，而大王只因宴上一念之差而至后患无穷。我无数次跪地求罪，他却摆手，言辞之间毫无怪罪我唆使之意，只又赠与我二三手镯，我便不再多言。

边塞的寒不分春秋，只是入冬更甚。一夜风雪，来日冰霜便披琉璃胄，戎甲皆冻，寒芒吻过掌心、指尖，钝得让人心麻。当四面尽环楚歌之时，他的伤已经愈合了大半，只是脖颈上的伤疤还未退却，但我已经很难摸到。

他这次出营前没赠给我玉器，许是嫌我一直不带罢，帐外大势已去，汉军的埋伏众多，他依旧没有说话，只是倒了两樽酒，但他的眼神又一次告诉我了，他是在向我告别，一场永别。

在他出营之前，他只喝尽了一樽酒。酒意浓醇，世事弄人，我不再静坐，橱中的玉镯尽现，抽屉中，床榻下，烛火旺盛而灼热，玛瑙与贝母的光泽熠熠生辉。我总爱做梦，做好多梦，梦里的铃兰是若水畔，于是明琅缀耳，欢喜悲愁尽叮当作响，我与项郎，一路泛舟东海，车碾岁辙，从巨鹿，至鸿门，他赠我一十七尊玉环，从手腕，到臂环，羊脂玉流光抛清、虬龙环赊温金醉，许是感情酌得太满，洒下湿了鸦青色的衫摆，不成人形地坠去地上，七窍皆怆。

寒芒吻过喉管，剖开内里，与项郎的脖颈竟是如此相似。

我闭上眼，烈风的呼啸都喑哑下去。

任由悲风怆山泣海，吹过八百里黄沙。自此酒肆茶坊，志异史册，万古千秋多情客读此悲情往事，尽是倒羡你我之者。

——“世间万物，唯情不死，即为长生。”

在文言文教学中，这种“情境式”任务并没有要求学生对文言文进行逐字逐句的解释，很多老师担心达不到文言文翻译这一教学目标。而实际上，学生想要完成这个任务，就必须经过对字词句认真揣摩和深入理解的过程。所以表面上学生好像没有逐字逐句地解释，但这是更高一级别的“翻译”，学生不止会对原文翻译，还会深入思考故事中的人物情节，进行再次创作，创做出他心里的“哈姆雷特”。在教学过程中，我们发现当一个枯燥的学习内容变成情境任务后，学生的学习兴趣会大大提高。所以老师要大胆放开学生手脚，相信学生、依靠学生。实践证明，只要任务设计科学合理，自主学习创作就是青年学生喜欢的学习方式。而且在任务的驱动下，他们会积极置身于真实的语言情境活动中，开动脑筋，发挥优长，创造性地完成任务。而在活动的准备和展示的过程中，学生的语文学科素养自然而然地就会得到不断的提升。

第三节　“双主式”语文教学在“写作教学”中的运用

《课程标准》中十八个学习任务群中并没有独立的写作任务群，但不同的任务群中均涉及写作的相关要求。换言之，其是对学习任务群中阅读与鉴赏、表达与交流、梳理与探究的合理整合。写作完全“融化”在学习过程中。为阅读而进行的写作，为写作而进行的阅读，各有侧重，浑然一体。学习过程中学生产生表达需求，该写什么写什么，不做割裂语文学习过程的系统性写作能力训练，突破了“知识为先，范文引路”的模仿式写作教学的窠臼。

在这样的背景下，我们作为语文教师必然要在作文教学上转变思维、拓宽思路，所谓“工夫在诗外”是有一定道理的。经过多年的探索，尤其是“新课标”施行和“新教材”使用以来，我觉得在作文教学中融通任务群教学与写作、素材积累、周记和文学社团等方式会让大部分不喜欢写作的学生降低对写作的“恐惧”，在平时的教材学习和课内课外的活动中涵养学生语文素养，激发学生写作的动力，在润物无声中提升学生的综合素养。

一、融通任务群教学与写作

《课程标准》将写作教学内容融入 18 个任务群中，必然需要教师转变原有的教学理念，不为写作而写作，而是将写作和任务群教学内容巧妙地融合起来。在教授新教材的过程中，教师要根据每个任务群的特点，设置诗歌、评论、访谈、改写和学术小论文等写作任务。这就要求教师以真实的社会生活、个人体验和学科认知情境为载体，引导高中生在真实的情境中完成真实的写作任务，尝试丰富的文体样式。下面我以必修上册第一单元为例，谈谈如何将写作和任务群教学有机融合在一起。

在进行这一单元的教学设计时，依据教材中提到的“汇总所有同学的诗作，全班合作编辑一本诗集作为青春的纪念”的活动建议，我计划引导学生就“青春的价值”思考本单元作品的意蕴，并结合自己的体验欣赏诗文，尝试创作诗歌。但是考虑到学生们刚进入高中，对创作诗歌可能会有畏难情绪，或者说没有自信能写诗，所以如何把学习任务细化，激发他们的兴趣，引导他们在真实的情境中感受不同时代的青春故事和青春思考是很关键的。根据教材内容特点和学生身心特点，我设计了“致青春——编写诗歌集”项目学习活动，整体活动流程规划如下。

任务一：群文阅读，走进青春

整合教材中的七篇诗文进行比较阅读，围绕毛泽东、郭沫若、闻一多、茹志鹃等诗人、作家笔下的青春形象、青春理想展开研讨。你也可以走进教材之外的文学作品，如《平凡的世界》《假如给我三天光明》《钢铁是怎样炼成的》等，围绕青春话题深入交流。

任务二：体验生活，对话青春

和你的长辈坐一坐，聊聊他们的青春，看看老照片，倾听他们的青春故事；你也可以走近身边的“时代新人”，感受青春与奋斗、责任与担当。

任务三：关注自我，书写青春

请选取恰当意象，以“致青春”为话题，写一首诗歌，编撰青春诗集《星空》。

在这一设计中，“走进青春”是对教材的整合式学习，让学生与文本对话，在“主题阅读”中理解不同作家诠释的青春内涵；“对话青春”则构建起语文和生活的联系，进入情境，让学生具体理解青春价值；而“书写青春”则是打通读写，用“写作”这样的输出任务，进一步表达青春。这样的设计，让学生在群文阅读中，在作品创作中，从感性到理性，从作品到生活，多方位、多角度地理解青春、诠释青春。在任务发布前，我跟学生们就任务提前进行了沟通，把自己的教学设计及目的向同学们阐释清楚，征询他们的意见。这种民主的征询有重要的意义。一是让学生感到学习是他们自己的事情，激发他们的自主精神，为更好地完成后面的任务打下坚实的基础；二是通过这种方式，教师能够倾听他们的想法，了解学情，有时学生也能给出行之有效的建议；三是在达成一致后，学生们会为自己的决定负责，会更主动地去学习、思考、落实。在我把这份单元设计任务向同学说明时，同学们对前两个任务都信心满满，感觉能够完成；但对于第三个写诗的任务，他们感觉到很困难，七嘴八舌地讨论，最集中反馈的意见就是太难了，从来没有写过诗，不知如何下手，不知从哪写起。这实际是我预想到的情形，随之我就鼓励他们：人的一生会遇到好多第一次，如果因为没做过就觉得自己不行，那我们是不是就止步于此了？大家想一想，是不是这样？每个人都不知道自己不知会有多大潜能，我们都是在不断地尝试、不断地突破和超越中进步的。小到个人，大到国家，我们在第一单元的教材中会学到很多感人的事迹和他们的青春梦想：有《百合花》中未留下姓名的小烈士；有“莫问收获，但问耕耘”的闻一多；有知道自己渺小得如一只蜘蛛，但仍然不畏艰险，要登上峨日朵雪峰的昌耀；也有在革命斗争的艰难时期仍然满怀革命乐观主义精神的老一辈无产阶级革命家毛主席……所以，我们无论是处于什么样的时代，作为什么样的身份，都会遇到生活的不如意，人生本来就是“不如意者十之八九”，我们必将会遇到生命的风风雨雨。但是我希望大家都要做个勇敢的人，敢于挑战和创造，敢于突破和超越，而不是故步自封，活在自己的舒适圈。学完本单元后，我想你们的思路定会豁然开朗。在我的激励下，同学们频频点头。随后我就鼓励大家在自己的青春年华创作一首自己的诗，抒写自己的青春岁月、青春梦想、青春体悟，给未来的自己留下宝贵的记忆和珍贵的礼物。最后大家达成一个共识：每个人写一首关于青春的小诗，以小组为单位选取一篇共同修改，然后以小组为单位进行展示，最后形成同学们的第一本青春诗集《星空》。诗集名是同学们集体民主确定的，他们认为自己就像是夜空的星星，虽渺小，但是也会绽放自己的光芒，希望未来每个人都会成为夜空中最亮的星，最终汇聚成璀璨的星空。

以下附两篇学生优秀习作。

习作 1：

青春五线谱

青春的记忆就像一瓶摇晃的发涨的汽水，
气泡你死我活，争相竞涌出来，
但那瞬间的快乐会让神经异常的兴奋。
纵使岁月轮转，时光荏苒，
时间会在我们的脸上留下痕迹，
但青春的五线谱却一直留在心底，异常清晰。
现在的我们，如同五线谱上的一个个音符，
婉转鸣叫，低吟浅唱，
时而高亢，时而幽咽，时而尖锐，时而温柔。
或热情万丈，或优雅颓废，真实而又动听，灿烂而又辉煌！
像五线谱上流动的空气，我们谱写着青春旋律，纯洁却不简单，美丽却不艳俗。
青春就是汗水，肆意飞洒，单纯快乐；
青春就是糖果，色彩斑斓，甜气四溢；
青春就是彩虹，五彩缤纷，壮阔辉煌；
青春就是绿草，精力十足，旺盛倔强；
青春就是银杏，味虽苦涩，药中之王；
青春就是歌声，渺渺茫茫，飘飘荡荡。
在青春这座象牙塔中，
有绚丽，有多彩，有舒适，有无忧，
有浪漫，有奋斗，有徘徊，有无奈，
有勇敢，有选择，还有蜕变。
我们身披阳光，在青草地上奔跑，犹如五月的朝阳。
纯真的欢笑与晶莹的泪水都是我们谱写的青春之歌，
这是属于我们自己的痕迹，是我们为自己的青春烙印上的痕迹，
有些稚嫩，甚至有些丑陋，
但却无妨，那是我们的成人礼，那是我们骄傲的印章！
回头看看那一串串脚印，莞尔一笑，
那是属于我们的青春五线谱，那是我们不一样的成长！

同学互评：

青春的模样每个人都是不一样的，作者将青春比作各种不同的意象，形象而又生动，让我们感受到青春的多姿多彩：浪漫、勇敢、徘徊、无奈、蜕变……欢笑与泪水相伴，热情与颓废碰撞，但是无论青春是什么模样，在未来当我们蓦然回首时那都是我们生命中独有的乐章。

习作2：

裱褙山河

月影碎在荷塘
夜风把风铃摇响
轻启轩窗　溢出一阵墨香
那是我轻轻铺陈的手卷
裱褙山河
裱褙我的梦想

为了梦想　我浣笔在水乡
是水　灵韵了江南　灵韵了周庄
黛瓦白墙　杏花落在孔桥上
青砖碧苔　油纸伞在雨巷深处绽放
浣开筱竹　是苏圆的连廊
西湖之中　桂棹兰浆
一盏碧螺春　香溢茶园
青腾白雾　化作云海
绕满黄山　古松的臂膀
忘却了　怀揽龙泉剑的白衣少侠
忘却了　手握青竹筐的采茶姑娘
忘却了　龙泉官窑碎瓷
裂纹中泛着神韵的釉光

为了梦想　我挥毫在草场
是火　热烈了雁门　热烈了胡人的胸膛
长烟落日　不摇灵动述说鲜卑的故事

大河横野　画角嘹亮仍不忘封疆的燕王
挥断弯刀　是大汗远征的威武
马头琴里　蹄声苍莽　一壶烧刀子　酒气高起
冲腾的干冽漫成长鞭驱赶着肥硕的牛羊
那不是金戈铁马的金人
那不是高崖悲号的雪狼
却原来是一骑黑驹驰骋于劲草泛起的巨浪

为了梦想　我落款在青藏
是沙　凝重了楼兰　凝重了高昌
天山飞雪　冻不住哈密瓜的味道
玉碎昆岗　长风把天际熏黄
细书仿宋　我落下三江源沱沱河的波纹
经筒转过　风折胡杨　“哗铃哗铃”
顶风出关的驼队
叫得出轻捻念珠的喇嘛僧侣
叫得出精赤臂膊的蕃客蛮帮
却叫不出敦煌的神秘
和喜马拉雅的至高无上

为了梦想　我盖章在苗疆
是石　秀气了滇南　秀气了澜沧
三塔倒映　是大理国昔日的繁华
苍山洱海　是云贵永远的辉煌
竹堡碉楼　孔雀在篱头引吭
一叶竹筏　长篙揉碎了漓江

溅起了灵秀幻化作高黎贡山云母翡翠的晶光
忘了吗　石林采药的苗人蛊师
忘了吗　猎场剽牛的佤族篾匠
却不曾忘无量山中还逍遥了一声
白鹿悠悠的声响

为了梦想　我裱褙在海上
是风大气了南海　大气了滔天巨浪
椰林俨然　让你把归路遗忘
日升月落　都孕育在这海上
日月潭里　高山族人曲子悠扬
远航巨舫　为了昂贵的龙涎香
水手吹起螺号　珍珠灿然是鲛人晶莹的泪光
我知道沙滩上拾贝的老人
我知道披了鲛绡纱的龙王
却不知道坼裂了海天的是鱼鹰的翅膀
日光照满影壁墙
蝉噪凌乱了我的遐想
缓推朱门　门环铜绿映在宣纸上
那是我将手卷合上
裱褙了山河　裱褙了我的梦想……

同学互评：

作者将用在字画书籍等装潢起来的“裱褙”一词移用到裱褙他理想中的祖国“山河”，形象而富有诗意。同时作者从时间、空间两个维度抒发自己对祖国大好河山的歌颂与赞美，表达了自己甘于为伟大的祖国无私奉献的伟大梦想。作者选用多个历史典故，增加了诗歌的文化气息和历史的厚重感，巧妙地选取典型意象营造美妙的意境，用动静结合、视听结合等多种手法，调动读者各种感官，使读者自然而然地随着作者的笔迹置身于历史的天空和祖国各地美景，与作者产生情感共鸣。同时作者巧妙地运用了首尾照应的手法，从开头“那是我轻轻铺陈的手卷，褴褛山河，褴褛我的梦想”到结尾的“那是我将手卷合上，褴褛了山河，褴褛了我的梦想……”一个“铺陈”和一个“合上”，两个动词巧妙地将褴褛的梦想呼应圆融。

学生们初入高中，能够在创作“致青春”编写诗歌集任务的驱动下，认真思考青春的意义和价值，剖析青春将面临的真实与残酷；教师积极引导学生理性思考，不畏磨难，积极面对，将自己的青春梦想融入实现中华民族伟大复兴的中国梦中来。我想这也是我们学习“青春”这一主题单元想达到的目的。通过学生的作品，我们看到放开束缚，激发学生的自主性，让他们自己去思考、去倾听内心的声音，去辨别青春的矛盾和碰撞，才会触碰他们的灵魂，鞭策他们在人生的道路上不退缩、不逃避，一往无前，做生活的强者和开拓者。

总之，将写作融入任务群教学中，可以将阅读和写作很好地贯通，而不是割裂；会让学生在情境中体会青春、感悟青春、书写青春。这是新教材编写的目的，也符合学生语言建构与运用的规律。

课后我分享了德裔美籍作家塞缪尔·厄尔曼的《青春》，以此引领学生感悟真正的“青春”并非是一种生理上的年龄，而是一种心态、精神、胸怀和格局，进而引发对单元主题——青春的深入思考。

附：

青春

塞缪尔·厄尔曼

青春不是年华，而是心境；青春不是桃面、丹唇、柔膝，而是深沉的意志，恢宏的想象，炽热的感情；青春是生命的深泉在涌流。

青春气贯长虹，勇锐盖过怯弱，进取压倒苟安。如此锐气，二十后生而有之，六旬男子则更多见。年岁有加，并非垂老，理想丢弃，方堕暮年。

岁月悠悠，衰微只及肌肤；热忱抛却，颓废必致灵魂。忧烦，惶恐，丧失自信，定使心灵扭曲，意气如灰。

无论年届花甲，抑或二八芳龄，心中皆有生命之欢乐，奇迹之诱惑，孩童般天真久盛不衰。人人心中皆有一台天线，只要你从天上人间接受美好、希望、欢乐、勇气和力量的信号，你就青春永驻，风华常存。

一旦天线下降，锐气便被冰雪覆盖，玩世不恭、自暴自弃油然而生，即使年方二十，实已垂垂老矣；然则只要竖起天线，捕捉乐观信号，你就有望在八十高龄告别尘寰时仍觉年轻。

二、近水楼台先得月——高中生作文素材积累

张中行先生说：“所谓作文，不过是把自己构思、自己组织的话写为书面形式的一种活动。”假如没有一定量的积累，就无从谈论文章内容的构思与组织，就很难写成作文。因此，写作者必须重视积累素材、积累语言。

古人云：十年寒窗无人问，一朝成名天下知。今天的学生参加高考时已经是十二年寒窗，但很多学生高考时所写的文章只能说差强人意。高中学生作文水平不高的原因当然是多方面的，但其中有一个相当重要的原因是学生作文素材的贫乏。俗话说“巧妇难为无米之炊”，就像再好的建筑工人没有好的建筑材料也不可能盖出坚固美观的房子一样，如果没有好的作文素材，又怎能奢望学生写出高质量的作文呢？事实上，当今的学生，思维活跃，富有创新精神，他们在作文时所缺的往往并不是新颖的观点和见解，而是用以承载的好的载体，因此作文素材的贫乏成了很多学生提高作文水平的瓶颈。

高中生由于面临高考，课业负担比较重，时间精力都有限，再加上有些学生对写作根本就没有兴趣，因此不管是从高考的角度，还是从个人兴趣的角度考虑，很多高中生是不可能将大量的时间和精力用于作文上的。

所以我们把积累作文素材的一个主渠道定在“工夫在书内”。

（一）巧用教材，日积月累

俗话说“近水楼台先得月”，我们引导学生在语文、政治、历史，甚至是地理、物理、化学等教材之中，提炼人文、自然科学知识。如仅就语文教材而言，十二年中语文教材所提供的经典美文、诗词曲赋，所涉及的古今中外文化名人、事例和名言警句等都是写作的好素材。

（二）学以致用，熟而生巧

在教学中，除了可以让学生接受传统文化的熏陶，从教材文本中学习写作方法外，还可以让学生从教材中积累大量的作文素材，并且在作文时有意识地引导学生加以运用。如果学生在平时的语文学习中能主动地从教材中取材，那么经过三年的积累，他们便可以熟练地运用教材中的素材了。

（三）化用名句名篇，点石成金

从教材中积累的素材除了事例性的材料，其实也包括语言性的素材。在写作时可以引用这些平时积累的名句、名篇。这些名句、名篇以其高度的概括和蕴藏的哲思为人们所推崇，如果能在作文中恰到好处地加以引用或化用，往往可以起到画龙点睛的作用，为作文增色，读来让人觉得文采斐然。

（四）老树新枝，推陈出新

对高中生作文来说，其中很重要的一点就是创新。我们在引用这些从教材中积累的素材作文时也要注意创新，不能只是生搬硬套，人云亦云。

（五）语言的积累

语言的积累包括词语的积累和语句的积累。

1. 在阅读中积累词语

一个人的词汇量会直接影响他文字表达的准确性和生动性。因此，我要求学生广泛收集词汇。词汇从哪里来？词汇从阅读中来。所以我对学生提出要求：不动笔墨不读书。我告诉学生，阅读必须动手，这样才能更好地把看到的、感受到的变为自己想要表达的东西。在我的引导和鼓励下，学生几乎都养成了阅读课文或课外文章时摘记词句的习惯。

2. 语句的积累

“他山之石，可以攻玉。”纵观语文学习，我们不难发现我们大部分时间都花在学习课文上。我认为学课文的一个目的，就是让它来指导写作。古人云“学以致用”，所以，当学了一篇课文后，我总是把文中新出现的写作技巧挑出来，让学生模仿写作，积累句式。在平时，我也常让学生做些笨工夫，进行一些片段练习，如用排比手法写一段话、进行扩句练习等。

高考作文 60 分，任何一个准备参加高考的高中生都不敢掉以轻心。很多高中生苦于作文，作文常写却常苦，总是原地踏步，“昨夜西风凋碧树。独上高楼，望尽天涯路”。当我们把目光从波澜不惊的人生和浩瀚无涯的书海中收回，而致力于从我们的“近水楼台”——教材这个庞大的资源库中挖掘和积累作文素材时，反而会“先得月”，“众里寻他千百度，蓦然回首，那人却在灯火阑珊处”，很多作文水平较低的同学都能从中收获一份成功的喜悦，重新鼓起写作的信心和勇气。

三、百花园中采芬芳——周记对提升学生写作素养的益处

提高学生的写作水平，练笔是必不可少的。专门的写作课应当是一个很好的途径，却不是唯一的途径。同时，高中的学生正处于独立走向社会生活的准备期，心理发展具有明显的社会性、探索性、闭索性和独立性，对老师、家长有明显隔离感，不会轻易流露出自己的内心活动，这也大大地增加了了解和教育他们的难度。写周记是一种非常不错的方式，它能达到专门的写作课不能达到的效果。写作课中的作文往往有很多限制，如体裁、字数、内容等；而周记却可以自由发挥，天马行空，自由度大大增加。

首先，周记会唤醒学生写作的内驱力。写周记要求学生提前观察，写自己最熟悉的自然景观和人情世故。因为给学生自由的空间，他们必然会选择自己喜欢的或感兴趣的东西，容易唤起情感的主动性，这就便于展现出语言水平。由于观察在先，描写时便会更细腻，感情会更真实，学生的观察和写作能力便会得到真正的提高。通过写的过程，学生提高了自己的语言表达能力。比如有一次周记题目是《我最爱……》，学生们都能写出自己的真情实感。他们有最爱的人、最爱的物、最爱的景和最爱的性格等，他们真诚地写出了自己爱的原因和爱的憧憬，感人至深，令人心潮澎湃。在批改的时候我也给学生写上了鼓励他们的话语，并从中筛选出优秀的文章，在课前五分钟的活动中读给学生们听，不断给予赞美和鼓励。长此以往，学生们有了写作兴趣，信心也树立起来。有时评语还会成为孩子人生前进的动力。记得一次家长会后，有位家长特意留下来跟我交流。她说特别感谢我，因为我对孩子的评语被她剪贴下来贴在了自己的房间，作为自己前进的动力。这段评语是：“你的文章文笔优美，感情真挚细腻，具有个人风格，它像一条缓缓而流的小溪，清秀，流畅。愿你在写作路上采撷生活中的朵朵浪花，让自己的风格更趋完善！老师相信你是最棒的！”后来她的语文成绩进步很大，其他学科也在努力赶上，可见老师对学生说的话语的重要性。现在学生们写周记已经形成了习惯，他们也常在周记中和老师交流，因为那是又一个空间，就像笔友一样，亲切、真实、自然。

其次，周记成为师生平等交流的平台，利于引领学生自主学习和自主健康发展。高一学生刚刚告别初中懵懂的学习生活，学习上经历由初中重基础知识积累到高中重关键能力的转变，在行为、习惯、心理方面往往出现调节受挫，节奏滞后的问题。又因为此时的学生独立心理、批评心理、逆反心理逐渐增强，情感上处于不成熟期，总以小大人的姿态力求摆脱对成人的依赖，家长、教师在他们心目中的权威逐渐降低，他们不再绝对服从。所以，作为语文教师，我就通过平时上课的内容选择和教学方式影响学生，多给他们民主的空间，给他们表达内心想法的平台，同时引导他们主动选择健康有意义的素材。比如这几年的疫情，带给学生很大的变化，我便利用周记的方式，引导孩子将抗疫精神、感人事迹和人间大爱作为周记的首选，鼓励学生自信自强，站高看远，赢得人生担当和拼搏资本，实现积极的人生价值。

同时，周记也是教师走进学生心里的有效渠道。如果想转变一个学生，首先就要走进学生的心灵。因为高中生的生理特点和学段的转化，教师尤为需要关注其心理动向，及时做好沟通、疏导工作。这就要求老师要具备进入学生心灵世界的本领，少点埋怨，多点耐心，在成绩之外，从“育人”的角度走近学生，通过每周周记内容的书写到分享，恰如其分地在他们的心灵世界中播种、培育、耕耘、收获，做他们心灵的朋友，带着他们一起成长，变道德的权威、真理的化身为同行者，民主平等地互动交流，使他们从规范自身行为习惯做起，树立成才的目标，提高自身的基本素质，将立志、感恩行动进行到底。

学生来自不同的家庭、不同的环境，有着不同的求学思想。关于如何走近学生，了解学生的真实想法，培养学生的行为习惯，在有限时间内进行“平等”交流、科学育人，我认为，周记便是师生间一条重要的有效的交流纽带。周记可以打开学生的心灵之窗，培养其优秀的心理品质，激发他们立志成才的自主性，让他们认识到自己才是主宰命运的主人。

总之，在关爱学生的基础上，我以一颗充满激情的心，一次次点燃学生的启蒙之火，走进学生的心灵，去发现学生背后的故事，教会他们知识和做人的道理。“周记”像一个纽带，将老师和学生的心融合在一起；它更像师生之间的一座友谊之桥，师生相互交流，相互切磋，共同在写作的百花园中尽情绽放。

除了让学生自由选择周记的话题外，教师还要根据学生的成长特点和育人目标给学生一些话题，以此引领学生树立正确的人生观和价值观，将自己的命运融入国家民族人类的命运中来。

周记采撷

周记题目 1：

当今的孩子处于信息大爆炸时代，每天接触的信息量相当大。就如何引领学生学会倾听，辨别倾听，不被外面纷纷扰扰的声音扰乱内心，我设计了如下的周记任务。

苏格兰阿伯丁的马歇尔学院大门上镌刻着三句话：“他们说。”“他们说什么？”“让他们说去吧。”

以上材料引发了你哪些联想与思考？请你写一篇文章，可讲述经历，可抒发情感，可阐述观点……

要求：（1）自选角度立意，题目自拟；（2）文体自选；（3）不少于600 字。

范例 1：

做人生的掌权者

人生一世，草木一秋，来如风雨，去似微尘。是以鲜烈的姿态潇洒走完这一遭，还是平平淡淡地追逐在花间田野，无疾而终？这些都是由自己决定的。只有我们自己知道自己是谁，能决定自己的样子。做人生的掌权者，才会收获属于自己的那份精彩。

善于倾听，方知得失。

木受绳则直，君从谏则圣，明王虚心纳谏，以知得失，天下方安。然而意见大都与自己的想法和意愿相违，冲击自己的认知；而且很多时候接受意见就等同否定自己，承认自己的弱小。其实不然，只有知晓痛处，才会去治疗；否则一直捂着伤口，不为他人所知，着实能让人赞许自己的坚强勇敢，却也让伤口溃烂。鲁迅先生有言：“真的猛士，敢于直面惨淡的人生，敢于正视淋漓的鲜血。”善于听取意见，虚心接受谏言，德行与才华兼备，才有能力掌握自己的人生。

言者无罪，闻者足戒。

世人言语，形形色色，亦真亦假，有太多的“他们说”会左右着自己。然而清者自清，浊者自浊，这需要我们提高自己明辨是非的能力。毛主席批评过两类人：山间竹笋，嘴尖皮厚腹中空；墙上芦苇，头重脚轻根底浅。外在的意见要听取，但不应完全受制于此。听取意见是为了做好事情，丰富完善自身，而非追求他人的肯定。不要听风即雨，让他人主宰自己的世界，学会自己做决定，做自己人生的掌权者，跟随内心的勇气，让他们说去吧！

君子，中通外直，不蔓不枝，香远益清，亭亭净植。内心世界通达而外形刚直，不像藤枝那样四处横行；香气清远而芬芳，不为别人的看法活着，因为你永远无法满足所有人。别人怎么说就让他们说去吧，做好自己和自己该做的事就好。但丁在《神曲》中写道：要像坚实的高塔，不要因暴风雨而倾斜，因他人的想法而远离自己的人是最令人感到可惜的。跟随心中的勇气，做自己人生的掌权者。

以烈火般的热情投入人生，拥有竹子的虚心，永远对知识与谏言敞开心怀；拥有磐石般的坚韧，在迷茫中正本清源，做自己人生的掌权者，定能散发出莲花那样素雅的香气，亦能找到属于自己的那份精彩。

教师评语：

文章引经据典，旁征博引，可见你的文学素养功底之坚实，同时善用比喻，生动形象地表达出自己的观点，语言含蓄精美，富有哲理。文章结构清晰，围绕两个分论点“善于倾听，方知得失；言者无罪，闻者足戒”展开论述，指出只有善于对意见进行明辨，智慧取舍，才会做自己人生的掌权者，活出自己的精彩。可以说这是一篇很好的议论式散文，既有散文的行云流水，又有议论文的言简意赅。

周记题目 2：

当今世界，瞬息万变，中国速度体现在方方面面，“快”成了我们生活的常态；然而，不是所有的快都是值得提倡的，生活、情感、思想等都需要慢慢品味、思考、沉淀。记得阿尔卑斯山谷中有一条标语：慢慢走，欣赏啊！为了给学生一个思想的引领，让浮躁的生活沉下来，让纷扰的世界静下来，我设计了一篇以“走向深处”为题的周记作文。

请以“走向深处”为题目，写一篇文章。

要求：（1）你可以大胆选择你最能驾驭的文体，写你最熟悉的内容，表达你的真情实感；（2）不少于600字（如写作诗歌不要少于20行）。

范例2：

走向深处

当今世界发展迅速，我们的生活被各种各样的科技与电子产品占据，知识的生产速度远超过储存的速度，我们的生活越来越迅速，我们的内心也越来越匆忙。我们何时停下过脚步，倾听自己心灵的深处，让心灵深处的声音引领我们前进？

东晋诗人陶渊明曾写下“采菊东篱下，悠然见南山”等富有禅意的诗句。纵观他的一生，早年家境优越，仕途虽算不上顺遂，但也谋得了一官半职。可是，仅仅干了一段时间，他便选择了辞官回乡，开始了他的田园生活。在《归园田居》中，他写道：“问君何能尔？心远地自偏。”由此可以看出他内心的坦然。他在人生的路途上，选择了倾听自己内心深处的声音，放下了仕途，开始了属于他自己的生活，也因此被后人称为“田园诗人”。如果他未听从自己内心的声音，走向自己心灵的深处，也许他也仅仅是历史长河中一粒小小的尘埃，而不是成为后世无数文人精神标杆的那个“陶渊明”了。

郭沫若说过：“中国文人之中，骨头最硬的当属鲁迅先生”。鲁迅先生写下的一篇篇文章，在他所身处的年代，都被称为在黑暗中最为响亮的声音。他年轻时在仙台留学期间，遇到了自己的恩师，也受到了最为先进的思想和教育。当他见到了中国同胞的麻木不仁时，认为中国并不需要医治身体的医生，而是需要医治心灵疾病的医生，他选择听从自己内心的声音，弃医从文。在中国文坛上他激扬文字而痛斥时弊，沉重地打击了当时的黑暗势力，揭露了各种各样人的嘴脸。鲁迅在学医与弃医从文之间做出了巨大的斗争，在藤野先生的期望之下，他倾听自己内心深处的选择，走向心灵深处，选择治疗中国人的灵魂。如果鲁迅没有走向内心的深处，倾听自己的声音，可能只是手术台旁多了一位技艺高超的医生，但中国的文坛上却少了一面正义的旗帜。

在当今的世界，需要我们停下脚步，走向内心的深处，倾听内心的选择，走自己所选择的道路，不问西东。

教师评语：

你的文章结构严谨，逻辑比较清晰。开头点题，“倾听自己心灵的深处，让心灵深处的声音引领我们前进”。文章主体以陶渊明和鲁迅为例，论述了他们如何在纷扰之中走向心灵的深处、倾听心灵深处的声音，最终遵循了自己内心深处的选择。文末提及“在当今的世界，需要我们停下脚步，走向内心的深处”，呼应开头，照应文题。

周记题目 3：

人的一生，有很多评价，分数是其中一种量化评价。然而“唯分数论”逐渐成为社会上一种不良的风气，成为很多家长和学生的执念，这也影响学生对自身的正确衡量与发展。为引导学生能够正确地评价自己和他人，我设计了如下的周记作业。

分数，可以是有形的，也可以是无形的；可以是别人评分，也可以是自己打分；可以出现在试卷上、竞赛中，也可以隐身于日常生活里。课程学习、活动参与、待人处事、家务劳动……都会获得一个或高或低的分数。这些分数，构成了我们丰富的人生。

请以“我的最高分，我的最低分”为题，写一篇文章。

要求：（1）内容具体，有真情实感；（2）除诗歌外，文体不限；（3）不少于600字。

范例3：

我的最高分，我的最低分

当今社会，分数已然成为衡量人的评价标准。而我们在这个到处充斥分数的社会中，要如何找到属于自己的分数？在高低之间要如何取舍？这又何尝不是件难事呢？

高低之间，明晰自身优势。

人必有其短，也定有所长。正如李白在《将进酒》中提到，"天生我材必有用。"是的，每个人都是世间独一无二的，寻找自己的优势才能活出真我，得到自己的最高分。在这个近乎被同化的社会中，很少有人能够保持自己的率真和个性，让自己的天空充满阳光，而你就是其中之一。所以说，高低之间，应先寻找自身优势。

高低之间，智慧扬长避短。

《吕氏春秋》中说："吞舟之鱼，陆处则不胜蝼蚁。"若能寻得自身优势，自有一片海洋任其遨游，自有一处原野任其驰骋，自有一片蓝天任其翱翔；若是在自己不熟悉不擅长的方面执迷不悟，岂不是被蝼蚁唏嘘嘲讽？一个人若是参差多态，扬长避短，得高分还不是一件容易的事情吗？

高低之间，不忘坚定本心。

我们有多少人曾为自己立下过崇高的目标呢？又有多少人真正完成了这些目标？老舍曾说过：向上的路是极难走的。理智的崇高的决定，往往被一点点肤浅的、低卑的感情破坏。如果我们的心不坚定，面对诱惑总是把持不住，那么肤浅的、低卑的感情就会获得生存空间，哪怕只有一点，都会破坏理智而崇高的决定。分数的高低应看能否坚定本心。

我的最高分，我的最低分，高低只是一念之间。其实，分数绝不是表明自己水平高低的唯一标准。只要我们寻找自己的优势，扬长避短，坚定本心，即使在外人看来的最低分，也是自己人生的最高分。如此，一生足矣！

教师评语：

你从“分数已然成为衡量人的评价标准”的社会现象出发，采用设问的方式，提出如何在高分低分之间做出选择，有吸引读者阅读的作用。随后你采用三个分论点的方式明确指出自己的观点，即寻找自己的优势，扬长避短，坚定本心。三个分论点皆是向内寻求发展方向，从人生的成长关键来说非常客观，“内因起决定作用”，这方面你做得很好。但我还有一点建议。文中三个分论点都是从意识形态的角度展开的，还需要践行的支撑。若将前两个有交叉内容的分论点整合成一个，再增加一个关于“勇于践行”的分论点，所谓“知行合一，方得始终”你开篇提出的设问就能更好地落实。

四、搭建平台“做中写”——校园广播及文学社团活动

作文教学是语文教学的重要组成部分。但很多老师发现，不管自己教了多少方法，强调了多少应修正的错误，学生作文效果整体上来看依然不佳，这令许多语文教师头痛不已。虽然也有教师找到了适合自己的方法，作文教学逐步有起色，学生也不感到作文难写了，但是学生写作的主动意识不强，基本是为完成任务而写。为此，我校语文组老师组建了校本文学社团，期待能够给热爱写作的学生搭建一个平台，激发学生写作的主动性，然后以典型为引领，不断提高学生的写作兴趣，提升学生的写作能力。

写作能力是语文能力的综合体现。它既需要学生具备一定的语文知识（包括词语积累、修辞运用、行文结构、材料安排、主题立意等），又需要学生对事物的细致观察能力和对生活的体验感受能力。可以说，写作能力是一个学生语文学习能力形成、学习效果展示的直接体现。平时学生作文时，既需要教师的统一布置，更需要学生有“写”的冲动欲望，而这一

切就要求学生能静下心来去观察思考。可是现实中，大多数学生语文知识积累不足，加之受各种因素制约，往往对身边事物缺乏冷静的观察感受。一旦让学生写作文，很多学生就抱头苦思，难以落笔。即使迫于教师要求，写出的文章也常常“假、大、空”，写作的内心动力几乎没有。因此，提升学生写作的内动力就是提升学生写作能力的重要一环。

那么如何提升学生写作内动力？我们依托校内文学社团，各班成立写作小组，给学生创造一定的写作环境，通过展示学生作品来激发学生的写作欲望，从而提升学生写作的内动力，促使学生自觉参与到写作中去。由“老师要我写”变为“我想写作文”，以此改变作文教学难题。

提升学生写作内动力具体做法如下。

先鼓励学生向校广播站投稿。语文老师在班上作宣传，鼓励学生积极认真地去观察身边发生的事。学生一旦觉得某些事有价值，就用笔记录下来，然后老师再帮助学生修改，并且给学生讲解修改理由。校广播站每天以校园新闻形式向全校学生广播收到的学生投稿，在此过程中，既实际锻炼了学生观察、感悟能力，又教给了学生一些写作的技巧、方法。

学生稿件被校广播站采用后，一经播出，学生内心的成功感便会大增，写作信心就被调动起来了。此时老师进一步要求学生把视角由单纯的学校生活，延伸到自己生活的校外环境，用心去观察、体会，并且及时行文。老师收到学生作文后，及时修改，并和学生共同探讨文章优劣之处。慢慢地，学生会不知不觉对写作喜欢起来。

当学生逐渐开始喜欢写作后，老师再借助校文学社团，着手于两方面工作。一方面促进学生参与社团内交流，在和同伴、老师交流碰撞中，拓展自己的视野，活跃自己的思维；另一方面积极向校文学社团推荐稿件。校文学社团收集整理后，以期刊形式印刷成册，并向各班级送阅。当学生拿到印有自己名字的期刊时，特别是在同学羡慕的目光中，他就会获得极大的心灵满足感。

通过学校文学社团的不断鼓励，班级中有一部分学生对写作的兴趣越来越浓厚。此时教师继续在班里调动激励，说明参与文学社团会给学生带来的学习上的益处，并且把已小有收获的学生树为榜样，这样班上就会有越来越多的学生主动拿起笔撰写身边事件，撰写自己内心感受，撰写思考所得。学生写作欲望愈来愈强烈时，我们再进一步引导学生把视角伸向更广阔的社会生活，这样学生作文就不会仅限于身边的烦琐小事，而会达到“胸怀天下，笔力有神”的境界。班级学生在这种外推力的作用下，写作不再是艰难的冥思苦想，而是成了学生乐于表达自己见解的一个有效渠道。如此，学生作文能力自然大大提高。

校文学社团在精心组织的过程中，消减了学生对作文的畏惧，成为提升学生写作能力的催化剂。在校文学社团推动下，作文变成了学生快乐心灵之旅的一艘航船，载着学生徜徉于学习语文的欢乐海洋中；同时文学社团还促进了学生对自身生活的关注，丰富了他们的情感世界，也增强了他们的家国情怀。我们以校文学社团作为外在推动力，让学生在不知不觉间把写作由一件苦恼的事情转变成欢喜的事情，把写作由外部强加转化成了自己内心所需；学生们也感受到了写作的乐趣，体会到成功的喜悦。

校园广播及学校文学社团建设通过开展活动对学生写作产生的良好驱动作用，远不止这些。我们仍须继续用心去探索“做中学”写作的方式，在内容和形式上不断与时俱进、多姿多彩。我相信校园文学定会陌上花开次第新。

第四节　“双主式”语文教学在“语文活动”中的运用

在从教二十几年中，我在所任教的班级一直坚持课前五分钟“微微开讲”活动。“微微开讲”是每节课课前安排一位同学到讲台上给大家进行的不同形式、内容丰富多彩的小型活动展示。因为“开讲”时间太短，仅有五分钟，所以被命名为“微微”。它是课堂上主题曲的前奏，它可以调整学生心理，引导学生尽快进入学习状态，同时也对培养学生表达和应变能力等有很大的促进作用。

（一）具体做法

利用课前五分钟，每周统一话题（与近期阅读或时事有关，周末布置下周话题），每天由一名同学（依学号次序）或多名同学（根据任务内容需要而定）按要求主持活动，1 到 2 名同学点评。

（二）具体要求

（1）一本记录本，让一名课代表来记录，并不时检查、督促。

（2）每天一节的语文课，请一位同学或多位同学上台“微微开讲”。

（3）发挥课代表的作用，让一名课代表做好开讲的安排，至少提前两天把讲座的内容和幻灯片上传给老师审核。

（4）演讲的学生选好内容，请课代表过目，并抽时间练习，按要求脱稿来讲。

（5）发挥学习小组的作用，让其先在小组中练习、提高。

（6）在班级讲时，按照规定环节进行：先介绍自己来自哪组，然后介绍带来的题目和形式，随后正式开讲，最后由 1 到 2 名同学点评，讲完后同学们都要给予热烈的掌声。

（7）每周由课代表牵头与老师商讨确定下一周的主题，人人参与，轮流主持；每周末总结评比，不断改进。

（8）每周评选“周之星”，每月评选“月之星”，每学期评选“学期之星”。

（三）具体形式

学期初，我会让每组同学先进行小组讨论本学期“微微开讲”的形式和内容，学生自由创意、设计、安排，各抒己见，然后我与各组代表共同探讨。我采取规定形式和自选形式二选一的方式，目的是既对学生有方向引导，又给予学生充分的民主和自由。“巧抓课前，激趣展示，训练积淀，引入状态。”课前五分钟“微微开讲”的训练形式多种多样，主要有以下几种。

1．积淀式

这种训练可以常规使用。没有特殊情况，学生约定俗成，根据学习内容兴趣爱好等，由学生自由决定，只要有利于学生的积累均可，如名人名言、成语故事、文化常识、古今中外优秀诗文……虽然每天仅有5分钟，但是日积月累，聚沙成塔，长此以往，这种积累丰富了学生的词汇、片段、语言，锻炼了学生的能力，培养了学生的语感，提高了学生的文学修养，也奠定了学生的写作基础。

2．辩论式

学生根据大家感兴趣的、最希望探讨的问题确定辩论的主题。辩论式这种训练需要提前让学生自由组合，分成正反两方，各自准备。经过锻炼，学生提高了口语表达技能和思维品质。在辩论的过程中，同学们对社会中有争议的一些问题，各抒己见，旁征博引。这不仅有助于提高学生的思辨性，也激发了他们的社会责任感和使命感。

3. 访谈式

以我们国家或国际上的热点话题为核心，由一个学生主持，以采访形式，发表对话题的看法及感想。学生自由组织，畅所欲言，真实地反映学生的心态。教师借机培养学生关爱他人、关心家事、国事、天下事的良好品质。其有利于学生逐步养成正确的世界观、人生观、价值观，同时把生活之源引进课堂，课内外相结合，让生活与语文水乳交融，从而在润物无声的状态下提高学生的语文素养。

4. 演讲式

我们会确定共同的演讲题目，一周内演讲的同学会通过不同的维度去抒发他们各自的独特的见解。一般我们会根据单元教材的内容而定，如果适合演讲我们会在学习完这一单元后开始。比如我们在必修上册学习完第一单元，确定以“青春”为主题进行演讲，通过这一活动主题引领学生对青春进行思考，抒写青春岁月，青春梦想，青春体悟，给未来的自己留下宝贵的记忆和珍贵的礼物。

5. 飞花令式

在学完诗歌单元后，我们便以某个字为诗或成语，然后以组为单位，每组一个人接令的飞花令形式开展活动。这种活动形式同学们特别喜欢，它不仅给那些热爱传统文化的同学搭建了一个展示的平台，更重要的是可以引领学生在活动中学、在快乐中学。这种方式既培养了学生的团结协作能力，又激发了学生对古典诗歌的热爱和传承。

6. 点评式

全班对某一位学生的优秀习作或对报刊上的文章进行学习阅读，由一名学生进行介绍，然后他人进行点评，或指出文章的优缺点、或点评文章的写作特色或写作技巧，或品品文章的意境与韵味……其可以激发学生写作的乐趣，促进学生间的互相交流，拓展学生的课外阅读，促进学生文学鉴赏和创造能力的提升。

课前五分钟的训练形式远不止这些。只要我们认真探索，不断创新，本着“以学生的发展”为原则，一定会发现创造出更多更好的形式。这些训练形式，费时少而收益大，学生人人参与，各显神通，为学生搭建了展示自我的舞台，他们每天都期待同学们的精彩表现。课前丰富多彩的五分钟活动，调动了学生的积极性，使学生心情愉悦，自然而然地进入学习状态。更重要的是课前五分钟的训练轻松又实在地培养了学生的语言表达能力，提高了学生的语文素养。

在具体实施过程中，应该注意：不可过多地占用课堂阵地，活动准备要充分有序；不可放任自流，要对学生的展示内容提前把关，要有的放矢，适时点拨；不可越俎代庖，要充分发挥学生的主观能动性；要经常检查、督促、鼓励、总结、改进，坚持不懈。

一位科学家说：在游泳中学会游泳。不错，我与每一届学生都在用心地演绎着我们的“课前五分钟”，尝试、实践、改进，坚持不懈。虽然有失败，有眼泪，有疲惫，有辛酸，但大家都觉得其间更多的是欢乐、收获、成功、自信和幸福。

一首美妙的乐曲，总少不了优美动人的前奏。课前五分钟，如果充分开发利用，巧妙创意，有效训练，就犹如奏响了课堂教学主题曲的前奏。它可以调节学生的心理环境，使其尽快地进入学习状态；可以改变传统教学的沉闷死板，给学生以新意，激发学生的学习热情；可以增添课堂教学的趣味性、生动性，有利于学生更好地投入学习；可以增长知识、拓宽视野、陶冶情操、提高能力，培养学生综合素养。

我们适时地把讲台交给学生，能很好地调动起他们的积极主动性，同学们在潜移默化中得到了锻炼，把自己所学所得很好地表达出来，对学生来说，是一份挑战，更是一种幸福！给学生一个机会，他们定会还你意外惊喜！

第七章　教学与科研成果集锦

第一节　鼓励性评价与自主学习

一、鼓励性评价的概念和意义

（一）鼓励性评价的概念

鼓励性评价是指教师在教育教学活动过程中，注重鼓励学生，激发学生自信心，以积极引导学生树立正确思想观念和规范言行的一种积极评价。

在教育教学活动过程中，鼓励性评价就是注重发现学生个性优长、发展潜质、进步表现、积极心态和良好素养等一切亮点，通过语言、情感和恰当的鼓励方式，不失时机地从不同角度给学生以充分的肯定、鼓励和赞扬，使学生获得自信、自我肯定、自我认同与成功的愉悦体验，从而鼓励学生发挥和发展自身个性优长与潜质，增强自主发展自信心，强化自己正确的思想观念和言行的一种积极评价。

（二）鼓励性评价的意义

1. 鼓励性评价给学生愉悦心情和成功体验

鼓励性评价能够引导教师在教育教学过程中善于发现学生的优长、进步等一切亮点，照顾不同学生的积极表现机会，积极创设学生能够表现优秀自我的平台，给予学生及时的积极鼓励，使学生获得自我肯定的愉悦心情和成功体验。

2. 鼓励性评价有效激发学生自主学习与自主发展的自信心

积极开展鼓励性评价能够有效帮助学生发现自我、认同自我和肯定自我，鼓励学生看到自我发展优长和潜质，看到只要坚持做下去就能成功的希望，从而增强学生自主学习与自主发展的自信心，有利于其坚持正确观念、积极思维和积极行动，持之以恒，积淀每一天的进步，创造自我超越和成功。

发现学生个性优长和潜质是激发学生自主发展自信心的基础和前提。鼓励性评价能够基于学生的个性优长和发展潜质给学生自信心，营造一个支持学生自主发展的环境。

事实上，每个学生都有自己的优长。教育的智慧和力量就在于坚信每一个学生都有自己的优长，每一个学生都有上进之心、无限潜能和成功之时，帮助每一个学生找到自己赖以自信和进步的优长，从而点燃学生积极进取、自主发展的动力之火。

因此，鼓励性评价是一种有效激发学生坚持进步、自主学习和自主发展心理的方法，也是学生自我鞭策的前进动力。

3. 鼓励性评价是促进学生身心健康成长的有效途径和方法

我们都能体会到“好孩子是夸出来的”的道理，我们更都体验过学生被老师表扬后的愉悦心情和对学生正面引领的积极效果以及学生的一脸阳光和快乐传递给我们教师的快乐的心情和积极乐观的心态，我们也都能认同“学生们快乐健康成长是教育的根本”“学生健康快乐成长是学生未来发展和幸福的根本奠基”的教育理念，因此，积极开展鼓励性评价是有效促进学生身心健康快乐成长的有效途径和方法。

4. 鼓励性评价有利于建立“民主、平等、和谐、愉悦”的师生关系，不断提升教育影响力

教师积极开展鼓励性评价，需要以对学生的关心、关注和发现为前提，不仅能给学生以鼓励和正能量，更能给学生温暖和感动。教师通过对学生更多的观察、关心和关注，增加了对学生的进一步了解和理解，自然对学生就多了一份宽容心、包容心和耐心；学生也自然感受到老师的爱护、关心等积极思想情感，便会从心里亲近老师；师生相互走近内心，进而形成了教师的亲和力和影响力，营造了自主学习和自主发展宽松的氛围，从而有效建立起“民主、平等、和谐、愉悦”的师生关系，使学生亲其师、信其道，提高学生的自主学习力，提升教师的教育影响力和教学成效。

5. 鼓励性评价能够有效培养学生的团队精神

教师积极开展鼓励性评价，使每一个学生都能拥有积极表现的机会和平台，都能充分展示自己的优长和亮点，都能充分地发现同学的个性和优长，从而促进学生学会相互发现、相互认同接纳、相互欣赏、相互鼓励、扬长避短、取长补短和团结合作，从而有效培养学生的团队精神，有利于班级团队建设。

6. 鼓励性评价有利于学生建立良好的人际关系

在教育教学充满鼓励性评价的环境与氛围中，师生充分感受到亲切、融洽与和谐的人际关系，潜移默化中习得了积极的思想情感、文明的行为习惯和良好的人际交往能力，学会了相互鼓励和相互尊重，学会了倾听、交流、沟通和表达，从而有效建立起良好的人际关系，赢得了良好人脉。

7. 鼓励性评价能够有效营造学校“积极向上、充满正能量”的良好校风

积极开展鼓励性评价的学校中不仅仅存在教师对学生的积极鼓励，同样也有学校对教师的、教师间相互的、学生间相互的和学生对教师的积极鼓励性评价。这会自然上升为学校整体的鼓励性评价氛围，有效形成学校“积极向上、充满正能量”的浓厚氛围和良好校风。

8. 不可小视简单、消极的评价对学生发展的深远伤害

长期以来，重“分数”的传统评价观念与标准仍然是一些教师的评价

观念与标准，表现在工作上追求以“分数”为标准要求和塑造学生，以“分数”为标准评价和束缚学生，只以学习分数提高与否的单一和狭隘的角度标准衡量学生的好坏。这进一步形成了学校、老师、家长、社会甚至是学生自己以“分数”评价同学和自己好坏的标准及思维习惯，造成了评价标签式、评价定性式等不良评价效果。“好生”“差生”的简单标定、简单形成并由此“定性”，严重地束缚了学生身心的健康发展、个性优长的多元发展和学生自主发展，导致了“好生”片面发展，“差生”消极发展，“恶性循环”，从“单差”变为“双差”，甚至于变为社会的“差生”，误“差生”于一生。

我们都能理解老师如同学生的家长一样运用这种评价观念与标准的良苦用心，但是我们必须反省传统的评价观念与标准所造成的错误教育和对学生产生的负面影响。教育家苏霍姆林斯基认为：“相当一部分‘差生’是由于教育不当造成的，而要改变这些学生，教育本身的责任是不可推卸的。”如果我们学校、老师、家长和社会有这种觉醒，有这种胆识，我们的学校、我们的学生、我们的教育就更有希望了。

（三）教师评价与学生自我评价的现状

在教育教学过程中，我们能够感受到许多优秀教师的语言艺术使学生感受到莫大的鼓舞和鞭策，使学生由自卑到自信、由脆弱到坚强、由幼稚到成熟、由放弃到执着拼搏；更可以感受到师生关系的和谐融洽、亲切自然使师生共同融入快乐幸福的生命成长之中，“你是进步的，我就是快乐的”，“你是快乐的，我就是幸福的”，师生教学相长，友谊相长，生命相长。

北大学生刘默涵是一个家境十分贫寒的女学生。她曾经一度想放弃自己，她的初中班主任开导她说：“这个世界上比你苦的人有很多，你永远都不是最苦的那一个；但是通过努力，你可以做世界上最幸福的一个！”这句话改变了刘默涵的人生。19 岁那年她考上了北大，开始了边上学、边打工、边资助贫困学生的生活。可是，她也是贫困生！她也要靠打工给自己交学费。她利用周末到博物馆做解说员，晚上顾不上回宿舍又匆匆赶去做家教。冬天，骑车返回的路上，尽管凛冽的寒风打在脸上，灌进衣服里，胃也饿得直痛，但是她流着泪告诉自己，生活苦不是放弃的理由！她深知与她曾经同样困苦的学生对学习与帮助的强烈渴望，她要感恩和报答社会，她让自己的灵魂永远保持站立的姿势。我们可以从中看到鼓励性评价对于学生长远发展的巨大影响，鼓励性评价对于学生是自主发展的动力、前进的方向和坚持的力量。

在教育教学过程中，我们也会看到一些老师对学生简单、随意、粗心，甚至是粗暴、尖刻、挖苦等消极的评价。一件简单的事就会使某些老师轻易给学生否定评价或消极性的语言和情感，使学生自尊心受到严重伤害，由充满信心到怀疑自己，开始自卑，开始逃避。对于一个单纯幼稚和脆弱的学生来讲，一次次这样的打击可能会让学生放弃自己对美好理想的追求，产生不良的心理定势，从此断送学生的一生追求和幸福。

因此，开展鼓励性评价研究与实践是当前学校教育、家庭教育和社会教育的迫切要求。全社会都应该学会积极的鼓励性评价，从而形成全社会的积极思维和健康心态，从根本上营造社会和谐进步和可持续良性发展的文化氛围，建立和谐文明的社会和国家。

我们知道每一个学生都有自己独特的成长环境、个性优长和不同的学习基础，学生理解力、接受力和心理承受力都大有不同，因此了解、理解和呵护每一个学生的成长境况、学习基础是教师真正尊重学生、有效鼓励和帮助学生的重要基础和前提。

人人需要认可和鼓励，在繁重的学习压力与社会压力下成长发展中的学生更需要不断地鼓励和支持，学生的身心健康更需要充分的关注与呵护。积极开展鼓励性评价能够有效促进学生健康快乐地成长。

二、鼓励性评价与自主学习的关系

1. 鼓励性评价能够有效增强学生自主学习的自信心

鼓励性评价善于寻找和发现学生良好的思维品质、良好的行为习惯、积极的思想情感、优秀的个性特长、无限的潜质和点滴的进步，及时适当地肯定和引领学生，激发学生自主学习、独立思考和表达交流的自信心，引导学生全面客观认识自己，发现自己的个性优长、潜质和进步，坚信“人人有个性优长、人人有无限潜质”，学会取长补短、扬长避短，从而有效增强学生自主学习与自主发展的自信心。

心理学家曾就各种评价方式对学生的影响这一问题进行了对比实验。结果显示，鼓励组的学生进步最大；表扬组其次；批评组开始时进步，然后直线下降；不批评、不表扬组学生的成绩最差。

2. 鼓励性评价能够有效激发学生自主学习的兴趣和动力

开展鼓励性评价，教师就会积极肯定学生良好的思维品质、良好的学习习惯、积极的学习态度、团队合作学习的精神与智慧、学习上的进步和个性优长，就会自然有效激发起学生自主学习的兴趣和动力，使学生积极投入自主学习与合作学习之中。学习兴趣增加了，学习动力增强了，学习效果自然提高，学生越学越自信，越学越爱学，越学越会学，从而形成自主学习的良性循环。

3. 鼓励性评价能够有效营造自主学习的良好氛围

鼓励性评价积极鼓励学生自主学习，增强学生自主学习的自信心，激发学生的求知欲望，积极鼓励和循循善诱引导学生自主学习与独立思考，激活思维，碰撞智慧，强化学生的成功体验；同时，其不轻易否定学生，解除了学生的心理压力，解放了学生的思想束缚，使学生善于发现问题和独立思考，敢于提出问题，真正求透校实所学，营造了有利于学生自主学习的良好氛围。

鼓励性评价通过教师语言、情感和恰当的鼓励方式，不失时机地从不同角度给学生以充分的肯定、鼓励和赞扬，利于形成民主平等、和谐融洽的师生关系，能够有效地营造学生宽松、和谐与民主的自主学习氛围。

4. 鼓励性评价能够引导学生树立正确的自主学习观念

鼓励性评价表现在老师对学生的自主学习进行及时、具体的正确引导，及时对学生在思想观念、思维品质、态度、情感和行为习惯等方面一切积极、正确与进步的表现做出肯定和鼓励。老师在积极开展鼓励性评价的过程中潜移默化地渗透了正确的观念、科学的思维方法和积极的思想情感，启发学生在具体案例学习中理解、体会和形成正确的观念、科学的思维方法和积极的思想情感。也自然地纠正了学生头脑中不正确的观念、错误的思维方法和偏颇的思想情感。这是教学的根本，更是教育的根本，是教书育人、立德树人的真正体现。

5. 自主学习力提升能够有效促进鼓励性评价的良性循环发展

积极开展鼓励性评价能够有效促进学生自主学习水平提高，而学生自主学习水平的提高也可以积极促进鼓励性评价的发展，从而形成鼓励性评价与自主学习相互促进的良性循环的发展关系。

鼓励性评价是有其发展规律可循的，同样，自主学习水平发展也是有其发展规律可循的。因此，教师需要不断学习、探究和实践鼓励性评价规律，以更有效促进学生的自主学习；同时，教师还需要不断学习、探究和实践学生自主学习发展规律，以更有效促进鼓励性评价发展，这是我们应有的科学态度。

三、鼓励性评价的原则

（一）鼓励性评价的根本原则

健康的成长需要不断的引领和鼓励，人最大的渴望是得到他人的尊重和鼓励，这是我们坚持鼓励性评价的根本依据和理念。

坚信人人有上进之心，人人有个性优长，人人有可塑之处，人人有无限潜能，人人有成功之时；这是我们坚持鼓励性评价的根本信念。

因此，鼓励性评价的根本原则和策略方法就是善于寻找和发现学生正确的观念、科学的思维品质、积极的思想情感、良好的行为习惯、优秀的个性特长、无限的发展潜质和点滴的进步，不失时机地、真诚和恰当地给予鼓励，以引领学生取长补短和扬长避短，促进学生自主发展和健康快乐成长。

（二）鼓励性评价的基本原则

1．前提性原则

老师需要有意识地纠正和修炼自己，树立正确的教育观和先进的教育教学理念，养成鼓励性评价的良好习惯，不断积累鼓励性评价经验和方法。这是开展鼓励性评价的前提性原则。

2．多元性原则

多一个评价标准就多出一批好学生。老师需要鼓励和强化学生各方面的优长与进步，尤其是他们的思想情感、思维方法与积极行为上表现出的优长和进步，不唯“学习成绩”，不唯“纪律表现”。这是鼓励性评价的多元性原则。

3．客观性原则

老师需要善于寻找和发现学生的优长与进步，以学生的客观表现为基础，给予学生客观、恰当的鼓励和肯定；需要因材施教，切忌鼓励的随意性和过分夸大性。这是鼓励性评价的客观性原则。

4．真诚性原则

鼓励性评价的真诚性原则就是在评价过程中，老师需要真正尊重学生，真诚对待学生，真诚欣赏学生和真诚鼓励学生。

5．自信心原则

鼓励性评价的根本点是给学生自信心。因此，鼓励性评价的自信心原则就是老师需要注重了解学生、因材施教，采取多种方式给予恰当的肯定和鼓励；需要注重通过适当的情况分析、问题指出和指导给学生进步与发展的自信和希望；需要注重积极引领和培养学生自己客观认识自我、发现自我、认同自我和增强自信。

6．科学性原则

老师需要遵循学生身心发展规律，因人而异，做到适时、适度、适当。学生不同，情境不同，需要的鼓励性评价需求也不同。因此，老师需了解学生心理感受和性格特点，把握鼓励性评价规律。这是鼓励性评价的科学性原则。

在教育教学活动过程中，我们能体会到，不当的鼓励性评价反而会适得其反。因此，我们的表扬和鼓励要恰当，既不能过轻，也不能过重；既要有鼓励和鞭策，又要有启发和引领；既要照顾被鼓励者的感受，也要照顾到其他同学的感受；既要对结果加以肯定，还要正确地说明原因，使学生认识到鼓励和表扬并不是教师随意的“奉送”，而是自己努力的结果，是恰如其分的评价和奖励。

四、鼓励性评价的基本方法

1．发现亮点法

我们能够在学生的课堂学习中发现学生的注意力、专注度和思维品质水平的高低，可以通过学生的表情、表现和表达寻找和发现学生的优长和进步，发现学生良好的思维品质、良好的行为习惯、积极的思想情感、态度和价值观，如积极参与的表情、表现，专注、严密的思维，良好的言语表达和书写规范，等等。

我们可以从学生的作业中寻找和发现学生的优长和进步，如作业的工整规范、作业的进步、作业的优秀、思想的睿智、角度的新颖和感情的真挚等。在作业上直接与学生交流，写上几句鼓励和引领性的话，或者在课堂上给予充分肯定和鼓励，或者在私下里肯定和鼓励学生，都会起到非常积极的鼓励性作用和启发性的引领作用。

我们可以在学生的合作学习活动中寻找和发现学生的积极组织力、合作精神、认真负责的态度、良好的沟通力和协调力等等。

我们可以在与学生的交流中寻找和发现学生成熟的思想、朴素的情感，以及待人真诚、心地善良、有见解、有主见和面对困难意志坚强等优秀品质。

我们可以在学生的试卷分析、综合素质评价上寻找和发现学生的优秀和进步。

这一切的发现都是我们开展鼓励性评价的根本点，也是鼓励性评价的基本方法。

2．增强自信法

老师可以积极设计学生自我发现的问卷调查，让学生给自己找出 20 个优点和一个影响自己进步与发展的最大的不足，然后同学间相互交流印象。这可以使学生明确自己的优点，学会客观评价自己，提高自信心和成熟度；同时，这也会使学生学会发现和欣赏他人的优点和特长，启发学生要善于取长补短、扬长避短的道理，不断增强学生自信心，形成自主发展的良性循环；这还能进一步引领学生客观认识自己，明确自己的美好期望，认识到自己的优点有哪些，自己的哪些不足需要改正，积极定位自己的素质发展目标。

在具体的教育教学情境中，老师要善于依据学生的性格特点和信心不足问题，因材施教，不断增强学生挑战自己、战胜困难和超越自己的自信心与成就感；要善于从学生的问题中发现亮点、优长和进步，智慧诊断学生的亮点、优长和进步；同时，还要注重指导学生学会自我问题诊断和分析，增强解决问题和战胜困难的自信心。

3．信任鼓励法

事实上，在平时的教育教学中，我们许多老师都能体会到，我们的信任可以激发学生的积极性，激活学生的学习优势和个性优长，使其很好地发展自己的优势优长，并逐步引领学生学会优势迁移、优长迁移和能力迁移，达到扬长补短、扬长救短、扬长提短的效果。因此，在教育教学中，我们常常因学生的不同优势优长布置一些挑战性的任务给学生，从而激发学生的积极性和自信心，创造学生提高与超越的过程。

在教育教学过程中，老师需要注重以信任、给任务的方法激发学生自主学习与自主发展的自信心和积极性，比如，小组命题、作业批改、课上习题规范化整理展示、讲题、学习问题诊断分析、学科考试试卷分析、学科学法交流、班会设计与组织、活动设计与组织、分小组负责班级板报设计和制作、班级工作分工，等等。

4．及时反馈法

在平时的教育教学中，老师需要注重鼓励性评价的及时反馈性，及时发现进步和亮点，及时反馈鼓励，及时增强学生的自信心和学习、活动与工作的兴趣。比如对学生在课堂教学中的积极表现、进步和亮点，教师要给予其及时的肯定和鼓励；对学生在作业、活动中的突出表现、进步和亮点，要给予其及时的肯定和鼓励。

5．欣赏期望法

在教育教学中，有效的鼓励性评价在于循循善诱、启发引领。在充分了解学生的基础上，老师需要先充分欣赏学生的优势、优长和优点，再寄予期望，激发学生扬长补短、纠正不足和自主发展。需要注意的是期望最好是在欣赏基础上的改进和完善，如“你的作文很有思想，对事物认识深刻，情感真实，表达朴素流畅，如果再注重语言词汇的丰富性和字迹的工整性就完美了”。

6．多元评优法

有效的鼓励性评价需要老师以多元角度、多元标准、多样方式方法积极了解学生，善于理解学生，学会宽容、包容和耐心等待学生成长，鼓励学生一切优势、优长、进步和正能量。

教育教学中一个欣赏的眼神，一个赞赏的手势，频频点头的示意和肯定，一句关心、启发和引领的话语，一个真诚关心的暗示，一份美好的期望，一封书信等等都能充分有效地表达我们的鼓励，传递正能量，有效支持学生的自我追求和发展。

7．研究潜质法

学生不同的成长环境、基本素质、学习基础和行为习惯等均会造成学生间的不同差异，加之学生成熟度不同，可能出现对自己不客观的评价，或自以为是，或自卑自弃。因此，研究学生潜质，帮助学生客观评价自己，有效增强学生自信是对学生自主发展的根本帮助，也是鼓励性评价的根本。

我们可以通过学生在教育教学活动中的各种表现，研究学生的潜质、优势、优长和劣势，比如通过班级工作、活动表现、待人接物、习惯修养、学生的作业、试卷分析等寻找和发现学生的优劣势，启发学生看到自己的优势优长和劣势，看到自己提高与进步的空间和希望，积极扬长补短，增强自信，自主发展。

8．解决问题进步法

“只有真正解决问题，才有实质进步。”积极帮助学生有效解决问题是对学生最有力的帮助，也是最有效的鼓励和支持。因此，老师需要积极设计和引领学生自我寻找和发现自己的不足与短板，分析原因所在，找到问题症结，看到自己的提高空间和进步希望，有针对性地积极解决问题，从而拥有努力和进步的方向、目标，积极有效解决问题，体验解决问题、战胜困难的自我超越成就感，增强学习与发展的自信心。比如，老师可以让学生找到自己的不足，找到影响自己进步与发展的最根本性的缺点；同时，让学生思考自己未来发展的美好期望，明确自己的成长与发展目标，结合自己的优点，积极纠正自己的不足，将自己的不足和问题逐步发展成为自己的优势、优长。

第二节　发展性评价与自主学习①

一、发展性评价的概念和意义

（一）发展性评价的概念

发展性评价是指教育者依据一定的教育价值观和教育目标，以发展的观点着眼于促进学生的发展，通过系统地搜集分析和与学生相关的信息，对学生的发展现状和在教育活动中的表现进行价值判断，同时建立与学生相互信任的关系，帮助学生确立自主发展目标，不断激发和挖掘学生潜能，培养学生自主性，实现学生自主发展目标的过程。

具体讲，发展性评价就是教育者为了学生的健康成长与幸福人生，培养学生的自主发展力和良好的综合素质；就是以促进学生自主全面发展的视角看待每一个学生，了解和理解每一个学生的成长背景、经历和独特的心理特点，发现每个学生的个性优长、潜质和不足，对学生的发展现状和教育活动表现进行价值判断，积极预测学生发展态势，引导学生不断认识自我、增强自信、认同自我、正确评价自我、发展和完善自我，帮助学生积极定位自主发展目标、激发潜能、扬长避短、取长补短，不断激励学生追求自主发展目标、积极自我期待和坚持积极进取的过程。

①此份教学与科研成果已纳入《自主学习与实施策略》。

发展性评价是注重激发和引领学生自主发展，并伴随学生健康成长的过程性评价，是富于发展建设性的评价，而不是定性的结论式评价。

发展性评价是积极发现、科学分析与诊断、积极引导学生的过程，是积极引领学生定位自主发展、智慧取舍和调整行动的过程。

发展性评价是促进学生自主、健康和可持续发展的一种积极、客观和全面的评价。

（二）发展性评价的意义

1. 发展性评价是学校教育进步和发展的现实要求

发展性评价以激发学生的自主发展为根本，以发现学生个性优长、潜质和现实表现为依据，引领和帮助学生全面、客观认识自己以及积极定位自己的未来发展，从而有效激发学生自主学习与自主发展的自信心，促进学生的自主学习与自主发展。实践证明，发展性评价更具客观诊断性、导向性和激励性，是学生不可或缺的自主发展的内动力，是教育不可缺少的育人智慧，是应该引起学校、教师、家长和全社会高度重视的育人智慧。

客观地看我们的社会文化，我们已经习惯于“告知式”的教育方式（即命令式的灌输式教育）和批评式的教育方式。我们的社会文化反映在学校教育和家庭教育上就是缺少对学生和孩子的真正了解、发现、理解和诊断，从而缺少积极的发展性评价，缺少遵循规律的耐心引导和激励，缺少对学生和孩子自尊心的尊重与呵护；相反，我们多是采取简单的否定式评价、定性式评价，或因一件小事而定性，或因一句话而定性，诸如“一看你就不行！”“这点事都做不好，你还能做什么”“最简单的题都不会，你还能会什么”等，使我们的教育效果往往是事倍功半、事与愿违，甚至是适得其反。

因此，我们的学校教育、家庭教育和社会文化都亟须发展性评价理念和方法的积极实践。我们需要积极促进学校教育、家庭教育和社会文化健康发展，这是和谐社会所需要的文化理念和精神，用以创造学生自主健康成长、发展和生活的和谐环境，真正促进人的自主健康发展。这需要一个漫长的过程，这个过程也是一个社会文化不断进步、不断成熟的过程。因此，发展性评价是教育进步和发展的现实要求，也是社会进步和健康发展的现实要求，对于学生自主健康发展、教育良性循环发展和社会和谐发展都具有非常重要的积极意义。

2. 发展性评价对学生自主健康成长和发展具有巨大的积极影响

教育评价具有诊断、鉴定、导向和激励功能。教师的评价对学生可以产生巨大的心理影响，积极建设性的评价、可以增强学生的自信心，而消极伤害性的评价则会打击学生的自信。有人说：“好孩子是表扬出来的。”我们都曾体会过。有时，老师的一句话或让学生发奋图强、坚持成功；或让学生一蹶不振、破罐破摔。北大学生刘默涵就是一个家境十分贫寒的女学生。她曾经一度想放弃自己，她的初中班主任老师开导她说：“这个世界上比你苦的人有很多，你永远都不是最苦的那一个；但是通过努力，你可以做世界上最幸福的一个！”这句话改变了刘默涵的人生。陶行知先生也曾有感而发：“你的教鞭下有瓦特，你的冷眼里有牛顿，你的讥笑里有爱迪生。”这让我们深深地感悟到教育评价对学生巨大的心理影响。学生的心灵需要细心呵护、爱心走进、因材施教、因势利导和循循善诱，教师、家长和社会应该多多细心呵护学生，对学生多一些观察、发现、耐心和鼓励，切不可以轻易打击和伤害他们的自尊心。尤其应该注意的是教师在与学生说话前一定要谨慎，要事先预判所说的话是否会对学生产生负面案例影响，对学生说话不应随意，批评教育也不应简单化。

事实上，教育评价中的正反两面案例时常会发生在我们的教育之中。我们都有过学生因老师的肯定、欣赏和鼓励而积极变化的经历，也不乏在教育教学过程中随意、无意或有意对学生的“语言伤害”造成逆反的情况，越“刺激”“告诫”甚至“警告”，越适得其反。我们都能意识到，只有循循善诱，才能春风化雨，润物无声，潜移默化。

我们都能充分而深刻地体会到教育评价对学生产生的巨大心理影响，也可以看到发展性评价对学生自主发展与健康成长具有巨大的积极影响，因此，只有高度重视和积极实践发展性评价，才会真正有效促进学生自主健康发展。

3. 发展性评价的过程就是一种积极有效的教育

发展性评价建立在对人的客观诊断基础上，因此，发展性评价能很好地引导教育走向耐心、静心和潜心，向教育科学性的更深处漫溯。如同医生对患者的有效治疗一定是在对患者的全面检查、正确诊断基础上的科学治疗，积极有效的教育也同样需要对教育对象的全面发现、了解、正确诊断和积极引导。只有发展性评价理念指导下的教育评价，才是积极有效的教育评价。同时，我们不难体会到发展性评价的过程就是一种积极有效的教育过程。

一种社会焦躁，让我们做起事来多少有些拔苗助长，急于求成；一种文化偏颇，让我们做起事来多少有些过于功利化。这是一种心理焦躁的反映，也是错误观念和错误定位的反映。这些错误观念和错误定位也自然反映在我们的学校教育、家庭教育和社会舆论之中，对教育的评价产生不良的影响，形成错误的教育评价和社会舆论导向，误导学生以至于成年人走向偏颇心态和偏颇发展。

发展性评价遵循学生成长发展规律，并依据对学生科学客观的诊断积极引导和激励学生，尊重科学，注重过程，给足过程，静心耐心，能够有力地纠正学生由错误观念和错误定位所造成的教育偏颇和思想误导，引导学校、教师，也应该包括家长和社会，增强发展性评价意识，积极开展发展性评价，充分发挥发展性评价的教育功能，积极正确引导和激励学生自主健康发展，形成有利于学生自主健康发展的学校氛围、家庭环境和社会环境，有效促进学生自主健康发展。因此，发展性评价的过程是一种积极有效的教育过程。

4. **发展性评价是遵循人的发展规律和教育规律的评价**

人的发展规律之一是人人有个性优长，每个人的潜能都是巨大的，每个人的发展空间都是巨大的。只要我们能坚持把自己的精力和时间集中专注于某个方面，我们就会在那个方面有所成就，甚至创造人间奇迹。事实上，现实实例有很多，如用足尖圆满完成首场个人圆梦音乐会的脑瘫音乐天才李传杰、脑瘫天才诗人余秀华，还有许许多多创造各种人间奇迹的身残志坚者。现年 28 岁的自闭症患者英国男子丹尼尔，可以说是不折不扣的天才，他可以背诵 π 小数点后 22514 位，并且精通 10 种语言。但是他根本无法和人正常交流，也无法理解正常人的感情，他的世界中只有数字。因此有人说：“天才和白痴就只有一步之差，我们眼中的‘白痴’‘差生’，也许就是未来的天才。”

教育规律是促进人发展的规律。它是“内因是根据，外因是条件”；是“性相近，习相远”；是因材施教，因势利导，循循善诱，春风化雨，亲师信道；是耐心养成，静待花开。

发展性评价正是在全面正确诊断的基础上，注重对学生的自主发展进行导向性、指导性、激励性和养成性评价的过程。从某一角度讲，发展性评价既是一种教育的环节，又是一种遵循育人规律的教育实践过程。因此，发展性评价是遵循人的发展规律和教育规律的评价。

发展性评价的导向性是指在发展性评价过程中，教师以立德树人为目标，注重引领学生树立正确的人生观、价值观和发展观，确立远大理想目标，鼓励学生勇于追求自己的梦想，促进学生自主健康成长与发展的过程。这是学生自主健康发展的前提和根本。没有正确观念引导下的自主发展，就会走向偏颇，甚至适得其反。

发展性评价的指导性是指在教育教学过程中，教师在学生自主学习与自主发展等具体事宜上给予学生方向性、策略性和方法上的指导帮助。

发展性评价的激励性是发展性评价的突出特征，是发展性评价的落脚点之一。发展性评价注重对学生的不断激励，总是能够给予学生客观的鼓励、优势的发现、坚定的信念和有效进步的策略方法。

发展性评价的养成性是指发展性评价伴随和追踪学生自主健康成长的全过程，是思想内化的过程，是观念形成的过程，更是学生行为习惯养成的过程。我们应该意识到，养成的过程是学生不断深化和强化自己思想观念和行为习惯的过程，养成的目标和结果就是发展性评价的目的和结果。

5. 发展性评价更有利于引导学生进行客观的自我评价、激励学生自主发展

发展性评价在有效引导和激励学生的基础上，会引领和帮助学生逐步学会自己对自己的发展性评价，养成自我发展性评价的习惯，使对自己的评价越来越客观和积极，了解自己的思维品质、行为习惯、思想情感、个性特长和潜质、发展基础和现实表现，明确自己的发展优势，增强自主发展的自信心，不断激发自主发展的内动力，积极定位自主发展方向和目标。

发展性评价会帮助学生学会自我反思，看到自己的不足，积极调整自己的自主发展方向和目标，扬长补短，积极纠正自己的错误观念和偏颇思想情绪，克服不足，调整状态，改进方法，保证自己的进步过程，使学生充分体验努力的充实感和成就感，促进学生自主健康可持续发展，为学生未来发展奠定坚实基础。

养成学生自我发展性评价的习惯，是激励学生自主发展、培养学生自我教育的一种有效途径和方法。苏霍姆林斯基说过："最好的教育是学生的自我教育。"事实上，学生越自主，越能得到自我解放；学生思想越解放，创造力就越强。同时，学生越自主，教育越主动，教师越主动；教育教学的主动在于激发出学生的主动。如果不注重充分调动学生主动性和积极性的教育教学，教师越卖力、越强压，反而越适得其反。我们有时太习惯于或陶醉于我们教者的"主动权"和"权威价值感"了，这样的观念误导了

我们教者自己，束缚了我们教者自己，更为严重的是束缚了学生，也耽误了学生。

6. 发展性评价更有利于学生的个性发展

发展性评价关注人的差异性和多样性，尊重人的差异性，发现人的差异优越性，引领每一个学生按其自身的个性优长和潜质自主发展。这完全符合人的发展规律和社会现实的要求，能够促进学生间个性差异的优势互补，促进学生的个性发展；同时，也有利于培养学生的团队精神，打造优秀的学生团队。

事实上，教师对学生的发展性评价，潜移默化地影响着学生的评价观。他们不仅因看到自己的个性优长从而倍感自信，还学会了发现和欣赏同学身上的优长，体会到了人与人之间的差异性和多样性。教师引导学生认识到“没有完美的个人，只有努力做到更好的自己”，促进学生积极发展自己的个性优长，帮助学生理解人的差异性和局限性，增强同学间优势互补意识和团队意识，培养和发展学生的团队精神，从而建立优秀团队。

7. 发展性评价注重过程，让教者更主动，学生更自主，教育更有效

发展性评价是注重学生自主发展全过程的评价，能够形成学生自主发展全过程的累积性的客观评价，既充分反映学生学习全过程的表现和阶段学习成果，又充分反映学生自主发展的成果和自主发展可持续的逻辑关系——即学生自主发展的规律。发展性评价使学生看到自己的个性特长和优势以及思想情感上的进步和成熟，同时又看到自己的问题和不足，从而推动学生积极解决问题，扬长补短，有效增强学生自主发展的自信心，促进学生自主发展。因此，我们要注重积累学生学习与发展过程中形成的具有代表性的资料，建立学生成长资料档案；同时引导学生注重积累自主成长的收获成果，见证自己的发展历程。

发展性评价的过程资料是学生、家庭、教育和社会的宝贵财富，有利于发现学生自主发展的规律和学生发展水平标准，有利于研究和发现教育的规律，使教育走向更为科学的发展之路。

发展性评价也注重对结果的评价。其由结果反思过程，以不断探究和总结学生自主成长规律，及时引领学生纠正自己在自主发展过程中的偏颇和失误，实现学生自我反思、自我教育、自我管理、自我发展和自我完善，而不再是为了甄别和选拔学生。

过程决定结果，过程至关重要。学生成长于过程，发展于过程；教育发生于过程，生成于过程。发展性评价让教育者更主动，学生更自主，教育更有效。

8．发展性评价更有利于促进师生关系和谐融洽

师生关系和谐融洽，学生乐学，老师乐教，教育教学效果才更有效，正所谓“亲其师，信其道”；反之，师生关系紧张抵触，则会对学生产生极为不利的消极影响和不良的教育教学效果。我们知道，学生对教师的情感倾向有时往往会受到教师思想意识所表现出的语言特点和情感表情的影响，或是喜欢，或是不喜欢。

发展性评价注重发现学生进步、优长和激励学生，可以增强学生对自己学习发展的自信心，更使教师对学生的学习发展有信心；发展性评价也注重发现学生存在的问题，教师通过和风细雨、耐心启发和引导，容易生成和谐融洽的师生关系，这自然是有效教育教学的前提，也是有效教育教学的根本，教育的积极影响自然在潜移默化中发生。因此，发展性评价能更有效地促进和谐融洽的师生关系。而和谐融洽的师生关系能够更有效地促进学校良好的教风、学风和校风建设；更容易使学校师生达成学校发展的共识，理解和支持学校的工作和活动，形成强有力的发展合力，进而推动师生自主发展，促进学校自主和谐、健康可持续发展。

9. 发展性评价更有利于促进教师乐教、学生乐学的有机融合

发展性评价让教师看到了每一个学生的不同优长和潜质，看到了每一个学生的发展可能和希望，进一步明确了教师自身的神圣职责是积极帮助每一个学生发现自己的优长和潜质，促进他们自主发展，从而增强教师乐教的自信心。同时，在教师发展性评价的引导、激励下，学生更容易激发出自主学习与发展的自信心和无限潜能，他们会充分体会到学习的快乐、进步的快乐，不断增强学习的自主性。老师乐教促进学生乐学，学生乐学促进老师乐教，乐教乐学，教学相长，有机融合，良性循环：这是我们教育追求的最高境界。

（三）发展性评价的现状

随着教育观念的不断更新和高考制度改革，许多学校和广大教师在学生评价上都不同程度地加入了发展性评价的思想和元素，建立了学生综合素质评价档案，注重了过程和动态评价的素材积累等。但是，以“分数”为主的评价观念仍然统治着我们的基础教育，甚至仍然是社会关于教育质量评价的主流观念。学校评价中充满着“分数”第一的评价标准，违背着学生身心发展规律、学习规律和教育规律，忽略和压抑着学生的个性特长健康发展和多元智能发展要求，误导着师生的健康成长与发展，追求着学生的畸形发展，老师也随之畸形发展。这严重影响着学生的健康成长与未来良好的发展，严重影响着师生的身心健康，严重影响着教育的发展导向，更严重影响着民族的素质水平和国家未来的发展竞争力。

我们看到的多是苦学的学生、苦教的老师和苦陪的家长，大家都很无奈、被动，有时还做着拔苗助长、事与愿违的“助力”，学生们的青春活力没有得到充分激发，学生们的生命潜能没有得到充分挖掘，学生们的创新精神和动手实践能力没有得到充分培养，这都亟需我们学校教育、家庭教育和全社会的高度重视。好在 2022 年教育部印发了《普通高中学校办学质量评价指南》，其中提出优化评价方式方法，坚持结果评价和增值评价

相结合，坚持综合评价和特色评价相结合，坚持外部评价和自我评价相结合，坚持线上评价和线下评价相结合，以期全面提高普通高中办学质量。这一文件的颁布，要求我们学校教育、家庭教育和全社会树立发展性评价理念，尤其是学校更要根据校情和学情积极建立起更加全面、客观和科学的综合评价体系，加强政策与制度建设及相应档案建设，有效促进发展性评价，有效改善学生自主健康成长的文化环境，有力培养思想敏锐、自主发展、心态积极、责任心强、学习力强、性格阳光、身心健康、视野开阔、善于交流和表达的学生。

二、发展性评价与自主学习的关系

实践证明，发展性评价的根本在于激发学生自主发展的内动力和自信心，培养学生的自主性，从而促进学生的自主发展。因此，发展性评价能够有效促进学生的自主学习，使学生的自主学习良性发展；同时，促进学生自主学习与自主发展也是发展性评价的目的。

1. 发展性评价能激发学生自主学习的自信心，增强学生自主学习的内动力

每个学生都有上进之心、好奇之心、学习欲望和学习潜能，而学生能否有持久的自主学习热情和自主学习能力，在于学生自主发展内动力和自主学习自信心的程度。由于我国基础教育长期以灌输教育方式为主，且存在教育评价单一、简单定性、强调选拔等问题，学生从小学到高中十二年甚至到大学经历的都是以教师讲解为主的教学方式，已经养成了以听为主的被动式学习习惯。上课时，师生均以老师单一的思路和答案为唯一标准，学生跟随着老师的思路，揣摩着老师的思路和神情，以判断自己理解的正误和表达、练习的对错。长此以往，学生便没有了自己的独立思考，形成不了正确的逻辑思维能力。由此可见，我们的学生缺少独立学习与思考、倾听与交流、碰撞与表达的训练培养过程。因此，我们的课堂教学自然很

容易表现为一言堂和死气沉沉的状态，学生学得被动，老师教得被动；学生越学越不爱学，老师越教越不愿意教。如此状况，哪还能有教师教学激情的迸发和学生自主学习的激情？哪还能有师生生命潜能的激发和创造力的培养？

发展性评价以发展的眼光看学生、看问题，坚信人人有上进之心、个性优长和无限潜能，善于在学生的学习表现过程中发现学生的思维亮点、个性优长和潜质，积极鼓励学生自主学习、独立思考、大胆尝试、不怕失败、敢于展示和善于表达，而不是以问题的标准答案、回答的对错、测试分数的高低简单评价学生，这就给了学生充分自主学习、独立思考、大胆表达的自信心和平台，这是学生自主学习强有力的内驱力。

比如，每次考试后，我们可以首先让学生进行自我试卷分析，发现亮点，发现进步，发现丢分点所在，找到问题症结，明确自主学习的新目标，提高自主学习的针对性，增强自主学习的自信心；其次，老师与学生一起分析试卷，发现亮点、进步和问题，找到学生的增分空间，帮助学生把自己的丢分分数加到自己的实际得分，看到自己的成绩上限和学习实力，从而增强学生的自主学习自信心，共同制定下一步自主学习的提高目标和有效解决问题的策略措施。

比如，学生在班级、学校活动中的表现，学生个性优长的展示，学生作业作品的完成情况，值日等班级常规工作中的义务和责任担当情况，都是教育者发现和研究学生成长变化和循循善诱引导学生的关注点。老师应该从中充分发现学生的态度、观念、优长和潜质，积极鼓励，帮助学生分析优势和不足，共同找到学生自主发展提升的增长点，从而增强学生自主学习自信心和自主学习与发展的内动力，激发学生的自主学习热情，促进学生自主学习。

比如，我们可以组织学生开展“发现自我”活动。首先，先让学生找出自己的 20 个优点和 2 个不足；其次，开展小组同学间的相互交流，使其相互帮助补充自己没有提到的优点，提醒自己没有注意到的不足，使每一个学生都能比较客观、全面地了解自己，积极定位自我完善、自主发展的目标；然后，坚持每月开展一次小组讨论交流活动，使学生相互交流自我完善的进步情况和今后自主学习与自主发展的目标和计划，让学生充分感受到自己和同学的积极变化与进步，体验“坚持进取、战胜自己”的成就感，养成自我积极客观评价自己的习惯，不断增强学生自主学习与自主发展的内动力。

2. 发展性评价能够有效搭建自主学习的平台，培养自主学习习惯

课堂教学是搭建自主学习平台、培养学生自主学习习惯的主渠道，是师生互动交流最充分的平台，也是教师运用发展性评价最多的渠道。

发展性评价通过关注学生成长过程，发现学生的态度、动机、表现特点和学情基础，诊断学生优劣势和问题症结，给学生充分的肯定和恰当的指导帮助，激发和引导学生自主学习与自主发展。因此，在这种理念指导下的课堂教学需要注重给学生充分的自主表现过程，从而发现、诊断、引导和激励学生。这就要求教师在课堂教学中为学生积极搭建自主学习的平台，给每个学生自主学习的空间，给每个学生真实表现的平台。首先，教师需要让学生自主学习，课前让学生自己先学，鼓励和放手每个学生独立思考、自主学习和小组合作探究学习，让学生充分自主学习，鼓励学生善于发现、学会质疑、善于提问、积极讨论、大胆发言、碰撞智慧、自己得出结论、自己创造性发现、自己创造性设计，等等，让学生充分体验自主学习的快乐和成就感，教师只是适时适当地给予点拨或以问题形式分解铺垫、循循善诱、化解问题，而不会越俎代庖；同时，教师还需要注重给学生充分的消化理解过程，学生良好的自主学习习惯便会从中养成。其次，教师需要根据学情，坚持简单、根本、开放和适当的教学原则，有效整合教材教学内容，有效控制课堂教学的量和难度，保证每个学生拥有有效自主学习的时间以求透求实、真正理解和掌握知识，学生自主学习的能力便会从中逐渐得到培养。这是给学生真正自主快乐学习的课堂，这是有效培养学生自主学习习惯和能力的课堂，这是从根本和长远培养学生自主良性发展的高效课堂，学生们的优秀素质、卓越能力和创造力就在其中生成。

在发展性评价理念指导下的课堂教学过程中，教师会非常注重学生在自主学习、小组讨论、大胆发言和积极展示中的表现过程。这是发展性评价要发现、诊断、引导和激励学生不可或缺的必要过程，更是培养学生积极心态、良性自主发展和自我突破超越的训练过程，是发展性评价的目的。因此，教师应以发展性评价有效激励学生积极独立思考、充分碰撞交流和大胆发言展示。

事实上，敢于表达是学生积极独立思维的结果，是学生自信的表现，是学生自我的一个突破和超越。同时，这也是同学间相互学习和借鉴的有效过程，是学生开阔和丰富思维的有效过程，是促进学生学会正确思维的过程。因此，在课堂教学中，只要学生能够积极大胆发言和展示，教师就应该给予“加分”的量化鼓励。

学生的思维特点各有不同，因此，注重学生讨论是发展学生思维，帮助学生真正理解、消化的必要过程；是不同学生不同程度地加强理解、强化掌握和深化理解的过程；是促进学生自主学习、求透求实和生成能力的有效过程。

在课堂教学中，一些教师常常不敢放手学生们讨论，担心耽误教学时间、影响教学进度和教学效率。结果是学生学得不透不实，往往是吃“夹生饭”，学生的学习能力难以生成，当然就容易感觉学生离不开教师，造成师生在教学中的双被动。放手学生就是让学生有充分的自主学习的过程，有学生自己充分的独立思考的过程。只有放手学生，才有学生的自主学习生成，才有学生的学习能力生成。事实上，只有学生的自主学习能力强了，才真正有师生教与学的双主动和高效率。不把学生的主动性调动起来，不把学生的自主学习习惯和能力培养起来，我们教师在教学中就难以主动起来。

3. 发展性评价能够激活课堂，促进学生的自主学习

在发展性评价理念指导下的课堂教学过程中，教师要善于以巧设问题，尤其是开放式问题，引导学生自主学习和小组讨论探究；要在发现、分析和诊断学生学情基础上，注重充分肯定学生的积极思维和思维亮点，鼓励学生大胆表达和展示，正面引导学生学会全面和缜密思考，给学生广阔的思考空间；还要注重同学间的思维碰撞和交流补充，而不是课堂上只有教师讲学生听，应更多发挥倾听、鼓励、启发和引导作用，从而有效激活学生思维和课堂，促进学生自主学习。

比如，在课堂教学中，教师可以给每个学生自主学习探究讲解任务，然后让其给小组同学讲明白，鼓励同学相互提问和质疑，学生再讲解或学生间相互补充完善或小组同学讨论解决新问题；也可以在全班同学的范围内讨论解决新问题，适时启发、梳理和帮助，使全班同学达成对问题解决结果的共识。

比如，教师在学生练习时，首先让三个学生一组在黑板板演同一练习题目（其他同学在练习本上练习），让板演同学讲解自己解题的思维过程，展示不同学生不同的思维方式和解答过程，然后让其他同学提出自己不同的解答方法。此时，教师引导学生分析、梳理正确的思维方法和思维误区，找出最佳解题思路和方法，做到一题多解、多解异同和多题归一，归纳提炼解题规律、步骤和注意事项，给学生充分的思维交流和碰撞过程，给学生广阔的思维空间，使学生养成全面缜密思维的习惯，追求思维深度与广度的训练效果，培养善于抓住解决问题本质的能力，养成注重学习学科思想方法的习惯，逐步达到教学上学生越来越自主的良性循环学习的理想效果。

比如，在学生练习的基础上，教师可以让学生思考提炼解决问题的一般规律和步骤，每个学生都可以总结和提炼自己的方法，然后相互补充完

善，最后再共同梳理出正确的方法与步骤，当然，有时学生还是需要教师的一点启发和帮助。这样的提炼过程是学生深化思维、深刻理解的学习过程，是培养提炼概括能力的有效训练，是自主学习的根本体现。

4. 发展性评价可以提高学生自主学习能力，促进学生自主性发展

教师积极的发展性评价可以促进学生全面客观了解自己，同时引导学生学会运用发展性评价的理念和方法积极开展发展性评价，增强自我意识和自主发展意识，积极正确评价自己和他人，积极正确对待自己的个性优长和不足，充分挖掘和发挥自己的优势潜能，学会独立思考，善于自我反思，不断发展自己的自主性，更好定位自己的自主发展，不断增强自主学习和自主发展的自觉性，形成自主学习与自主发展相互促进的良性循环，从而有效提高自主学习水平。

5. 自主学习发展水平是发展性评价发展水平的重要标志

发展性评价的目的在于促进学生自主发展，而促进学生自主学习也是发展性评价的核心目标。发展性评价本质上是促进学生自主全面发展的一种有效的措施、手段、方法和过程。因此，自主学习发展水平是发展性评价发展水平的重要标志。

发展性评价与自主学习是相互促进的关系。发展性评价水平高，能够更有效地引领学生发现自己学习上的优势和不足，积极调整自主学习策略和措施，扬长避短，取长补短，从而有效促进学生自主学习，提高学生的自主学习水平。反之，发展性评价水平低，则不利于激发学生自主学习的内动力，不利于学生发现自身学习优势和问题所在，不利于学生增强自主学习的自信心，不利于学生有效发挥自身学习优势和自我调整学习策略，自然会影响学生自主学习的发展水平。

学生自主学习水平高，则能促进发展性评价的发展水平；反之，学生自主学习水平低，则该学生的发展性评价水平自然受到束缚。

三、发展性评价的原则

1. 导向性原则

发展性评价的根本目标是以学生自主发展为目的，面向未来，为学生自主发展指明努力方向，充分激发学生自主发展的积极性，帮助学生科学定位自主发展目标，建立积极有效的自主发展规划和规范，保证学生自主健康可持续发展。

2. 科学性原则

发展性评价要遵循教育规律、学生身心发展规律和学习规律，要依据学生的发展基础和现状考虑学生的理解力和接受力，给学生自主发展的自信心和支持力，还要坚持实事求是的科学态度，做出全面客观的发展性评价。

3. 单项评价与综合评价相结合的原则

单项评价是对学生某一方面的评价，如班级工作、班级活动、学校活动、个性优长、责任心等修养素质、文明行为习惯、学习优势等，或是对学生某一范围内状态和表现的评价。单项评价是综合评价的重要组成部分，反映着学生的思想、情感、态度、意志品质、价值观和习惯等一些稳定的重要特征。

综合评价是以发展和动态的评价标准对学生进行全面、全程、客观和整体的评价，在于整体把握学生的发展现状、发展态势和发展需求以积极给予学生富有针对性的指导和帮助，促进学生自主健康发展。

实际上，单项评价与综合评价相结合的过程也是形成性评价与终结性评价相结合的过程。

4. 师生相互信任、共同探究、学生自主确定的原则

发展性评价的目的在于促进学生自主发展，发展性评价的前提在于师

生相互信任。因此，建立民主、平等、和谐的师生关系是开展发展性评价的重要前提。只有教师积极定位和建立师生“民主、平等、和谐”的关系，充分尊重学生，细心呵护学生自尊心，我们才能得到学生的高度信任，才具备开展发展性评价的前提条件。

发展性评价的成效在于师生在共同分析研究的基础上学生积极自主确定自主发展目标和策略措施。因此，有效发展性评价的过程，一定是师生共同分析研究的过程，是教师的分析与建议得到学生的认同后学生自我独立思考，最后确定自主发展目标，并做出相应积极调整的过程。

四、发展性评价的方法

在教育实践过程中，实践、反思，再实践、再反思，生成着深刻的教育思想，创新着丰富的教育智慧和方法，实现着发展性评价的功能和目的。

1. 定期自我评价

教师要积极帮助学生养成定期自我反思与评价的良好习惯，如每日反思评价、每周反思评价、每月反思评价、期中反思评价、期末反思评价和学年反思评价等。

学生要注重看到自己积极状态的提升、思想情感的升华、责任心和集体荣誉感的增强、良好行为习惯的养成、良好的学习意志品质和良好的道德情操的提升；要注重看到自己学习标准、学习计划性、学习效率、学习能力和学习效果的进步与提高；要注重明确自己的发展目标，挑战自我，积极行动，超越自我，不断实现和接近自己的发展目标。

教师要形成学生定期反思评价的文字材料，以记录和比较自主发展的全过程。

2. 同学间相互评价

教师要积极引领学生开展同学间的相互评价，善于发现同学的进步和优长，同时善意地指出同学的不足，积极给予美好期望；教师要积极开展学生小组讨论交流，引领学生相互真诚评价，交流印象、进步、不足和期望，促进学生全面客观认识自己，虚心接受他人善意的意见和建议，积极组织学生开展相互友好寄语活动。

3. 老师评价

科任老师要注重平时对学生的观察、发现与指导，注重积累学生平时学习、活动等常态表现的素材，注重与学生充分沟通和交流，真正了解学生、理解学生，不断激发学生自主发展自信心，积极帮助学生挑战自我、战胜自我和超越自我。只有在此基础上，老师才能形成一个比较全面客观的积极评价。

老师梳理自己对学生的评价后，应该积极与学生进行交流和沟通，达成共识，以进一步激发学生不断成熟和进步。

4. 家长评价

教师要高度重视学生家长对学生评价的积极参与，并积极指导学生家长注重对孩子平时状态和表现的细心观察，发现进步则及时鼓励，发现问题和不足则及时提醒和规范。家长要坚持与孩子经常性地交流和沟通，倾听孩子的心声，了解和理解孩子的想法，耐心和积极地对孩子做出比较全面客观的评价。

5. 综合性评价

综合性评价是指班主任老师根据自己平时的观察积累，结合学生发展过程和成果，整合学生自我评价、学生小组评价、科任教师评价和学生家长评价结果形成的综合性评价结果。

班主任在形成综合性评价结果时应该注重与科任教师和部分学生代表进行交流沟通，达成基本共识，从而形成比较全面客观的综合性评价。

然后，班主任与学生交流，达成共识。教师应指出学生的优点、进步和不足，分析问题症结所在，提出自主发展的合理化建议，有效促进学生的自主健康发展。

6. 建立学生发展性评价档案

教师要建立学生自主发展性成长记录档案管理制度，为学生和学校教育积累真实的发展过程素材，使学生看清自身发展轨迹，增强发展自信，积极调整自己，促进学生自主健康发展。同时，也为学校教育研究学生自主健康发展规律提供宝贵素材。

第三节　语文教学案例是自我专业提升的有效途径

人民教育家于漪老师常说：“我上了一辈子课，教了一辈子语文，但还是上了一辈子深感遗憾的课。我做了一辈子教师，一辈子在学做教师！”从于漪老师的话中我们看出，她始终保持着一颗谦卑、反思的心，在她的心中没有完美的课。正是因为觉得不完美，才让于漪老师在教育教学的路上追寻了一辈子。也是在这不断追寻的过程中，她提升了自己，完善了自己，幸福了自己，成就了自己。她是我们所有为师者活到老学到老改造到老的楷模。

作为一线教师，我们应该如何提升自己的专业水平，实现业绩的自我超越？

一般来讲，教师教学水平、业绩的自我超越应该是从教学实践到教学反思、学习借鉴、理论学习和课题研究，再到教学实践，以至于循环往复、螺旋式上升的不断自我提升和超越的过程。

其中，学习借鉴名家和同行的教学案例是一种非常直观、值得不断深入体会且能够使人深受启发的自我提升方式。

实际上，不论是教学实践、教学反思，还是学习借鉴、课题研究，归根结底都是在摸索教学的规律，即与学生身心发展规律和学习规律高度一致的教学规律。如果我们的教学符合教学规律，我们的教学效果就会事半功倍；反之就会事倍功半，甚至适得其反，误人子弟，贻害学生。

事实上，学习借鉴是站在巨人肩膀上的摸索实践过程，是摸索实践中的一种“捷径”，是一种善借外力的智慧和开明的胸怀。因此，学习借鉴名家和同行的教学案例是一种有效提升自己教学水平和不断超越自我的途径和方法。

学习借鉴是有方法的。有效学习借鉴名家和同行的教学案例是我们善借外力、提升和超越自我的一个关键环节。

名家和同行教学案例中的教学智慧和一招一式都是源于其教育思想、教学理念，都是源于对学生身心发展规律和学生学习规律的认知，都是源于以生为本、因材施教、师生沟通、和谐相处等有效的教育教学方法。

方法是思想、理念的表达方式，是将思想、理念转化为实践的操作系统。

我们应该从名家和同行的教学案例中学习什么？如何有效学习借鉴名家和同行的教学案例以提升自己的教学水平和教学实效？如何灵活运用教学规律、学习借鉴名家和同行的教学经验方法，并将其融合到自己的教学实践之中，形成适合自己和学生的独特的教学风格？这些均是我们通过学习教学案例研究分析想要解决的当前教学中存在的主要问题。我们期待通过共同学习，碰撞出教学智慧，有效提升和超越自己的教学水平和教学效益。

一、教学案例的界定

首先我们先要明确一下什么是教学案例。

教学案例是描述在教育教学过程中发生的真实而又典型的事件，以及对事件的剖析、反思与总结。

教学案例 = 一个真实的、典型的教学情景故事 + 剖析点评。余文森教授说：“关于某一节课或某一教学片段的具体反思，使之成为一份具体的教学案例。”

二、教学案例的一般类型

1. 单一片段型

单一片段型是一个具体的教学片段与评析，反映一个新的教学理念。其特点是内容单一，短小深刻。

2. 对比片段型

对比片段型一般是由同一教学内容的两种不同教法的教学片段与评析组成。其特点是对比鲜明，发人深省。

3. 课时综合型

课时综合型一般由一节课中各具特点的几个教学亮点与评析组成，反映一节课中不同的教学内容与策略。其特点是内容丰富，综合性强。

4. 专题解读型

专题解读型一般是围绕一个专题，由三四个不同教学策略的案例与评析组成，对某新理念较为全面地解读。其特点是主题突出，策略多样。

三、教学案例的基本特征

从总体上看，教学案例应具备以下特征。

1. 客观性

所谓客观性，即教学案例实际来自教育教学实践，事例的经过和结果是真实的，如实反映了事实的本来面目。

2．典型性

教学案例讲述的是一个故事、事例，有相对完整的情节，能反映出事件发生的特定背景；叙述具体，反映教学活动的基本过程。同时，这些活动与过程能够体现教育的内在规律，体现教学设计的基本思想；既可以是成功的范例，也可以是“尚未成功”的典型情景。

教学案例包含一个或几个问题，以及解决这些问题的方法与思考，是教师共同关注的热点与焦点，有揭示教学规律内在的典型性，能从中总结出带有普遍意义的结论，更好地指导教学实践，反映课改的新情况、新问题、新理念、新方法、新变化、新成果，揭示教学改革的新特点、新走向，从而启示人们开拓新思路、新策略，推动课改健康、深入地发展。

3．研究性

研究性指教学案例本身具有现实意义、借鉴作用和理论探讨的价值，可以正面获得经验或反面获得教训，能提炼出某些理论或观点。

4．指导性

指导性指教学案例本身具有启发迁移作用，能引发思考，对其他事例的分析与处理具有借鉴意义和启示作用。

四、教学案例对教师专业成长的重要性

教学案例对教师专业成长具有非常重要的促进和提升作用。

其积极作用主要有两个方面：一是教学案例分析研究的积极作用；二是撰写自己的教学案例的积极作用。

1. 教学案例分析研究的积极作用

对教学案例的每一次分析研究都是一次深度学习和借鉴的过程，尤其是上升到教育教学思想理念层面上的学习借鉴。不论是名家还是同行教师的教学案例都是一面镜子，尤其是名家的教学案例更是学习和借鉴的榜样。

我们能够从名家的教学案例中充分感受到其内容设置的科学性和严谨性，感受到名家教学中每一种教学模式都体现出其教育教学思想和对学生的充分了解、尊重和信任，每一种教育智慧都反映出名家的教学理念和对学生的充分激发、引领和放手，每一堂课上的一招一式都体现出其教育教学智慧和对学生的热爱、耐心和细心。因此，通过教学案例分析研究，我们意识到应该注重学习理解教者表现出的教育教学思想和理念，同时更要注重对教育教学理论的深度学习和思考。

对教学案例的每一次分析研究都是一次自我对照反思和借鉴的过程，尤其是要注重积极借鉴并将其融合于自己的教学实践之中。通过教学案例分析，对照自己平时的教学思想、模式和方法，我们可以了解自己的教学实际，尤其是自己教学上的不足和缺失，坚定教育信念，积极确定自我发展方向和自我改进、提升目标，以使自己平时的教学更有效、自主发展目标更明确主动。

对教学案例的每一次分析研究都是站在“巨人”肩膀上深度学习、探索实践和自我升华的过程。名家的教学案例是其十几年甚至是几十年教学实践和教学研究积淀的精华展现，是其教育教学思想理念和智慧方法在教学过程中的具体表达，是其将教育教学理论在具体教学过程中的灵活运用。因此，对名家教学案例的分析研究是我们站在“巨人”肩膀上的学习、思考和借鉴，是直观、具体、形象理解教育教学理论和名家教育教学思想理念的平台。同时，名家长远的教学效果更是令我们敬佩折服，成为我们坚守信念、执着进取改进和自我超越的榜样，激发起我们向名家、学习的意识和动力，使我们积极定位自己教学改进、提升与发展的目标，立志做大教育、大教学，成为学生健康快乐成长的重要帮助者。

（二）撰写教学案例的积极作用

1. 提高教师教学实践能力

撰写教学案例，是将教学实践与教学研究紧密结合的有效方式。教师在撰写自己的教学案例时，既是行动者，又是研究者。教师可以通过教学反思和对具体教学行为的描述与分析，加深对教学理论的理解；又可以通过教学理论的指导，使教学行为科学合理。要写好教学案例，教师需要把教学案例涉及的问题披露出来，深入分析研究，取得清晰的认识，较好地解决某个问题。教学案例尽管是个别现象，但其具有典型性，代表了某种倾向。经常撰写教学案例，教师就能够敏锐地发现带有倾向性的问题，找出解决同类问题的途径和方法。经常撰写教学案例还能帮助教师发现教学规律和存在的问题。典型教学案例深层次的认识积累多了，教师就能够通过个别看一般，透过现象看本质，真切地感悟教学的规律，建立起一套科学的思维方式、高效的工作方法、良好的工作习惯，使之达到规范性和自觉性，从而减少教学的盲目性和随意性，提高教学效益，提高教师的教学实践能力和教学理论水平。

2. 提高教师教学研究能力

撰写教学案例，撰写教学论文，撰写课题研究材料是教师进行教学研究的三个方面，缺一不可。撰写教学案例是撰写教学论文、撰写课题研究材料的基础，撰写教学论文是撰写教学案例的提高，撰写课题研究材料则是撰写教学案例的升华。三个方面结合，能够促使教师做到教学行动与教学研究紧密结合，教学理论与教学实践紧密结合，教学经验与教学科学紧密结合。这三个方面中，撰写教学案例是非常重要的基础。基础打得牢，教学研究才有可能达到较高水平。因此，撰写教学案例在教师成长中起着至关重要的作用。

3. 提高教师思维能力

运用教学理论的观点解决教学实际问题是一种重要的教学能力。每个案例都有其核心部分和枝节部分，教师要排除枝节部分的干扰，重点把握案例的核心部分，找出核心部分与教学理论的密切联系，就需要运用教学理论的观点，运用分析与综合的方法，提炼出教学案例的主题，解决好教学案例反映的具体问题，探索出解决一般问题的途径，养成凡事用脑思考的良好习惯，养成运用教学理论指导教学的习惯。这样方可提高教师的教学水平和能力。

4. 提高教师创新能力

教师写出的教学案例，可能是某项教学研究中细化了的材料。教师从教学案例的线索引申开去，思考教学案例反映的教学现象，就有可能产生一些深刻的认识、独到的见解；再通过一番去粗取精、去伪存真、由此及彼、由表及里的改造制作，使之提高条理性和科学性，就有可能发现某些教学规律，特别是解决教学问题的关键能力和方法，从而实现教学创新。

总之，教学案例的分析会帮助我们一线教师更好地从事课堂教学，明确教学的重点是教学内容和教学方式，教学内容的精准选择是上好一堂课的前提，内容科学呈现的顺序是上好一堂课的基础，先教什么，再教什么，最后教什么需要遵循学生的认知规律；教学内容的传授方式是效率的保障，先怎样教，再怎样教，最后怎样教需要遵循学生的主体意识。最后无论是教学内容还是教学方式的选择目标，其根本都是要将语文核心素养扎实落地。

五、教学案例分析方法

（一）教学案例分析的定义

教学案例分析就是通过对一个个具体教育情境的描述、感受、分析，学习和领会教育心理学的理论和方法，提高运用现代教育理论对教学工作进行分析评价的能力。对教师而言，教学案例分析要重在“分析”，力争做到“言之有物，言之有理；虚实并重，小中见大”。

（二）教学案例常见的分析角度和方法

1. 对教学案例中教学方法的分析

自 1978 年我国开始语文教学改革以来，改革的重心基本放在教师教的方法，即教师如何激发学生兴趣、如何把知识点讲透彻的教学组织技能和教学艺术探索上。教学方法的评价标准也着眼于教师，着眼于“怎么教”，着眼于教师的教学技能和教学艺术，追求的是教师上课如何精致、如何精彩，这在公开课、观摩课、评比课中表现得尤为明显。语文教师的课堂教学研究也被鼓励从教学方法上着力，讲究教学过程，探求各种各样的“教学模式”。怎样的一堂课才算好课？许多教师在考虑这个问题的时候，心中想的是“怎么教”的方法问题，先怎么教、再怎么教、后怎么教。建构主义理论的引进，使我们观课评教的立足点，从教师的“教”逐渐转移到了学生的“学”，这是一个很大的进步。随着新课程理念的深化与落实，观课评教的角度上升到了“教学理念”层面，尤其是体现在学生自主合作探究的有效学习方式和过程上，这是新课程理念的根本和关键。因此，评价教学方法应该重点放在教师在课堂教学中有效创设、鼓励和引领学生自主合作探究的充分学习过程上，重点放在教师组织教学中充分民主、尊重学生、相信学生、放手学生、依靠学生、耐心引领等待学生的理解和运用等教学艺术和教学智慧上。

2. 对教学案例中教学内容的分析

教学内容是课堂教学的核心，一切教学方法都是围绕教学内容和学情设计展开的。课堂教学的价值在于用有效的教学方法完成教学内容的任务和目标。因此，我们在观察课堂教学时，要看课堂教学的教学内容是否符合语文课程要求，是否符合语文课程目标和任务要求，是否有效达成课程目标和任务要求，是否切合学生的认知层次和实际需要，是否符合语文核心素养的有效培养和落实。

3. 对教学案例中理论要素的分析

教师要注重从教学案例中分析出理论观点，要认真研究哪些教学行为体现了怎样的教师观、质量观、学生观，哪些教学行为注重了从认知的角度或从知识结构的角度去展开教学，要把教师课堂教学的经验、行为提升到“说清其理论依据”的层面上，从中学习和体验从教学实践经验“如何上升”为教育理论的过程，促进教师从经验到理论的升华，从自发的行为转变为自觉的行动，从而提高教师的教学理论水平和运用教学理论的能力。

4. 教学案例中教学问题的分析及改进建议

教学问题分析是一种有效解决教学问题的手段，具体过程是通过教学问题分析认识到教学问题所在，从而寻找解决教学问题的最佳方案。教师要注重从教学案例情境中归纳出问题并进行分析，即在重点突出、难点突破、思维训练、教学目标等成功与否的分析。达成源于什么？符合哪些教学理论、理念？不足又在哪里？还存在哪些问题？不足与问题的根源又是什么？通过这样客观的评价和反思以提高教学改进与完善的针对性、主动性和实效性。

总之，教学案例对教师的个人成长和学校的持久发展起着不可替代的重要作用。通常情况下，撰写教学案例需要运用教学理论对教学案例进行分析，要把案例分析透彻需要有足够的教学理论支撑。教师往往感到教学理论修养不够，分析教学案例力不从心。这就促使教师带着教学案例的实际问题，深入学习有关教学理论和教学理念。教师这时的学习，是为了解决教学实际问题，有着明确的目的和强烈的愿望，往往能够收到事半功倍的效果。同时，百闻不如一见，教师通过分析活生生的教学案例从而学到教学理论，其教学方式就不再是抽象的、空洞的、干巴巴的说教。

案例是教学情境的故事，不同的人对故事会有不同的解读，因此案例十分适于用来进行交流和研讨，可以成为教研活动和教师培训的有效载体。教学案例集中反映了教师在教学活动中遇到的问题、矛盾、困惑，以及由此产生的想法、思路对策等。就这些问题和想法开展交流讨论，对教师提高分析能力和业务水平是非常有益的。与撰写论文相比，案例更适合一般教师的需要。案例的内容贴近实际，材料来源丰富，写作形式自由，易于传播交流，更为广大教师喜闻乐见。学校和教师可以根据教改实际情况，确定一定阶段内的讨论主题，围绕某个主题或专题收集材料、撰写案例、交流研讨，同时结合有关理论学习和实践反思，使教研活动更具有针对性和实效性。

关于某个专题研究的教学案例，不仅本身是教学研究的成果，而且还是撰写教学论文与课题研究材料的很好的素材。这类素材经过加工，具有典型性。采用这样的素材写成的教学论文与课题研究材料，紧密联系实际，内容丰富，有血有肉，生动形象，真实可信，具有说服力，启发性强。

坚持撰写和研究教学案例分析，坚持长期学习、积累典型案例，不仅能夯实教师的专业基础，也是教师专业成长的一个记录，对今后教师形成自己的教育思想、教学风格起着重要的作用，更是造就专家型教师的一个重要途径。

第四节　语文教学名家的教学共性与启示

在语文教学领域中，有一批批孜孜追求、勇于创新的名家大师和优秀教师在教学、教改实践中因具有显著风格和区域影响从而形成语文教学流派。多年来，我通过对一些富有代表性的语文教育流派名家的学习，发现他们虽然风格各异，但是又有其共性，那就是他们的教育教学理念的根本性相近。他们均是以学生为本，致力于学生语文核心素养的形成和发展，积极倡导自主合作探究的学习方式，既全面培养又关注个性发展，尤其是把“自主学习”作为教学的主要环节，明确把培养学生的自主学习能力和发展学生的智力作为主要追求目标。而这一切恰恰体现了我们2017年出版的《课程标准》的相关要求。

由此看出，只有遵循学生的身心发展规律、认知规律和个性差异，认真研究语文的学科特点和《课程标准》，科学有效地进行课堂设计，才能有效培养学生的语文核心素养，真正让语文的核心素养落实、落细、落地。

一、语文教学名家的教学共性特点

1. 切合教师自身的个性

“短长肥瘦各有态，玉环飞燕谁敢憎？”（苏轼评书法）教无定法，再好的思路妙计也要看是否适合自己。于漪的大气、钱梦龙的灵巧、魏书生的高远、王俊鸣的空灵，都是由其个人资质和风格托起的。洪镇涛善于捕捉品味感悟语言，与他小时候受私塾的熏陶有关；胡明道的教学艺术，感情细腻善于表演的女教师用起来更易于见成效。所以，教学设计贵在扬长避短，发掘培育自己的个性特色；切忌避长趋短，盲从别人。人文素养高者，可从教书与育人结合方面形成特长；能说善演者，可从课堂教学的艺术领域形成优势；长于理论思考者，可从思维训练方面发挥强项；善于组织活动者，可从活动教学方面探寻新路；知识面广者，不妨跨学科实验来点大手笔；信息技术娴熟者，可从学科与网络的结合上开辟新的教学天地……各位名家均是以自己的优长为核心发展成功的。

2. 切合教师自身的成长

一个语文教师的核心能力有四项：独立地研读教材、特色地组织课堂、艺术地推进教学、智慧地兼顾教考。教学设计贯穿于上述四种能力中，是教师从业的必修课。

通过学习、品味语文教学名家的教学共性特点，我们体会到好的设计源于对文本的透彻研读，在文本与学生之间做好灵巧的转化，或化繁为简，或变难为易，或长文短教，或平中见奇。最适合自己的往往是自己的发现与设计，所以做好教学设计必须坚持“裸研”文本，即抛开这个借鉴、那个参考，直接从课文的字里行间理出文脉，抠出文眼，把握文意，找到引入的最佳入口，带领学生酣畅淋漓地巡游一番、品味一番，那才痛快！独立研读处理教材的硬功夫具备了，教师的可持续发展才有保障。“裸研”开头路难走，但坚持下去，越走路越宽，心越甜。

3. 切合学生的学习起点和特性

通过学习、品味语文教学名家的教学共性特点，我们发现其最突出的特点是以生为本、以学为本，尤其是凸显学生的自主学习。以生为本、以学为本就是遵循学生身心发展规律和学习规律，以学生的学习起点为教学的起点，充分尊重学生，充分激发学生的学习与发展自主性，让学生成为课堂学习的主人、真正的学习者，使学生成为课堂教学中的独立思考者，使师生间、学生彼此间成为知识学习、问题探讨的互动交流者，从而传递、共鸣和升华思想情感，碰撞生成师生新的思想智慧。总的来说就是我们需要尊重规律，尊重个性差异，因材施教，自主发展。

二、语文教学名家给我们的启示

1. 长期沉淀于教学实践探索反思，不断学习教育理论

我们不难发现，语文教学名家的教学共性特点都是既朴实无华，又底蕴深厚。这些都源于他们长期沉淀于教学实践探索反思与不断学习教育理论的过程。

教学实践和反思是教学提升和升华的重要基础，而不断厚植自己的理论功底是教学提升和升华的重要助力器，只有实践反思和理论学习探究两者有机结合才能成就教学名家的生成和升华。因此，我们需要沉下心来、静下心来，执着于教学实践、理论学习探究与创新超越。

一个语文教师的最佳状态，就是静下来、沉下来，处于研究（设计）与总结的常态，致力于家常课的打磨，远离功利心。因为真理是最朴素的，创意在常态中。倘若靠买来的教参（教学实录）过日子，靠网上下载课件

资料去应付，终其一生也不会有自己像样的教学设计。这里的关键是价值取向问题，只要乐于静下来，敢于沉下去，点子总比困难多，我们必然会收获意想不到的教学主动权和丰富的教学成果。

2. 善于实践需要善于思考、学习和不断地摸索尝试

好的实践需要好的理论基础。对于教学实践，我们需要沉下心来学习教育教学理论、学生身心发展理论、学习理论、全面发展理论等有关教育教学的先进理论理念；需要带着问题去学习探究，带着思考去学习探讨，带着学生的起点和角度去学习思考，带着坚定的信念与爱去学习探究，执着于摸索实践和创新超越，形成自己独特的教学风格。

3. 先进教育教学理论的核心是以生为本、育人为本，民主自主，教学相长

以生为本、育人为本，就要充分激发学生的学习自主性、发展自主性，就要充分培养学生的自主学习和自主发展能力，这就要求课堂教学要创造出一个学生自主发展的平台。而培养学生自主学习与发展能力的基础和平台就是教师在教学过程中所创设的教学民主氛围和环境。在教学中，自主与民主是相辅相成、不可或缺的关系。自主是民主的目的，民主是自主的环境、土壤和平台：两者是辩证统一的关系。事实上，师生是学习共同体，是成长共同体和发展共同体，而民主恰是师生和谐健康共同成长与发展的土壤、环境和平台。可以说，没有教学的民主性就没有学生的学习自主性。

因此，坚持语文教学民主性和自主性原则，就意味着教师对学生能力与潜力的充分信任，意味着教师必须面向全体学生又尊重个性差异，意味着师生是探求知识真理道路上的伙伴，意味着师生需要共同营造和谐民主的课堂学习氛围以使学生成为语文课堂的真正主人，意味着还学生自主学习的权利。建立在师生人格平等基础上的课堂，是以师生积极交流对话生成为主的课堂，是学生真正成为学习主人的课堂，是充满生命幸福与人性光芒的课堂！

第五节　语文教学常态课案例分析

常态课是相对于公开课而言的。公开课一般来讲是一种示范课、观摩研讨课，具有示范、导向和研讨作用。而不同的是，常态课是更本色的课，是更平平常常、实实在在的课。其可能缺少特别活泼的课堂气氛，也看不到大量的精彩课件，也可能没有精致的环环相扣的教学环节，但教学的要求和达到的目的应该是与公开课一致的。在一名教师的课堂教学中，大量的课是常态下的课。事实上，也正是大量常态课的累积才构成了一门学科、一个学校的课堂教学质量。这就对教师提出了重视常态课、上好常态课的要求。因为常态课的重要性，我们应该更加关注常态课，从中找出成功经验，发现问题，研究解决，以确保常态课的教学质量不断得到提高，让学生充分体验快乐有效学习的成就感，让教师充分体会到教学的成就感和职业的价值感。

一、语文教学常态课的常见问题

新课程改革这么多年来，我们的语文教学一直走在前沿。在平时的教研中，我们欣喜地看到老师们在教学理念和课堂教学上的积极改变，由以前注重“老师教”转向注重“学生学”，教学方式也在不断地创新。但是，我们也发现一种比较普遍的现象，就是在一些公开课竞赛课上老师们的课与平时的常态课区别较大。因此，针对语文教学常态课的一些问题，结合一些专家对案例的评点分析，我对常态课问题有如下几点思考。

（一）以教师的设计为中心，忽视学生主体自主阅读

文化背景不同，文化基础不同，教学的具体要求也不同。教学设计必

须因地制宜、因人而异，充分考虑拟传输的知识量、学生思维的运动量、学生课堂的活动量等是否与学生所处学年段的心理承受、认知潜能、时间精力相适合。如不相适合，快速未必高效，探究未必有究，出新未必出彩，高谈阔论未必基础牢靠，因为学生跟不上，学不了，用不会。一堂课中几个问题“环环相扣”或是提问过多，均有可能给学生的阅读过程造成一种被动的强制性束缚。学生在这种背景下的阅读，读的不是真正的文本，而是老师的提问；读的不是作者对生活的感悟，而是老师对文本的感悟。当然，这个过程中也有学生的思考，但这只是一种在老师提问背景下的思考，只是对“老师对文本的理解结果”的再思考，而不是学生作为主体自主阅读过程中自然产生的对“文本本身”的思考。

我曾听过一节课——《祝福》（鲁迅）的探究性学习。45 分钟的课堂，执教者接连抛出 11 个问题，小到祥林嫂为什么没有自己的姓，中到从祥林嫂失去房产看封建宗法制度，大到祥林嫂的死说明了什么。学生完全被事先肢解的一个个抽象的问题拉着走，跟着老师的思路走马灯似的飞驰而去，很少有喘息逗留作品、思考品味观风景的机会。问题与研究都需要，但须因情而异。个性化的、意会性的文学作品，整体感悟的效果远远强于零碎的肢解。吉春亚老师做了一个很好的比喻，她说：“整体感悟好比吃红烧肉，一口含在嘴里，汁肉尽在，虽然说不清是什么，但慢慢地嚼，细细地品，越品越觉得回味好极了。倘若肢解后放在碟盘里，点点切分，看含有猪肉多少，盐糖多少，酱醋多少，香料多少，等等，这种贴标签似的理性分析，怎么深透，也难以有含在嘴里的切实之感。”文学中好多东西需要靠心悟，说不清楚，也无须说清楚。教师需要只把阅读的体验和体悟交给学生自身，让他们作为主体自主阅读，阅读出文本的内涵和意蕴，而不是为了赶进度而匆匆忙忙，为了得到一个与自己预定的答案而不断代替学生的自主思考。语文课堂应借鉴当下以“慢”回归为主题的社会发展理念，改变简单多快的非理性增效方式，回归到语文动静结合、张弛有致的优雅品学上来。

（二）注重外在形式的新颖，冲淡了语文课堂关键的教学内容

我曾听过《在马克思墓前的讲话》一课，教师花大量时间将《在马克思墓前讲话》的英文版发给学生，让学生比较中英文版本的不同，就此开始研究性学习。学生忙忙碌碌，依然读不透课文，听课者也一头雾水。我也曾听过《我有一个梦想》一课，教师花大量时间让学生观赏演讲者的图片，听原版录音，然后选择几段以不同组合去读，就此了之。一节课下来，热热闹闹，但学生到底学了什么？语文素养提升了什么？这就是过于注重外在形式的新颖，反而冲淡了语文课堂关键的教学内容，丢了教学目标和任务，没有了课堂教学效率和效果。

（三）语文课缺少了语文味，听说读写的能力训练没有体现

语文课堂如果没有了听说读写的能力训练，一定就缺少了语文味。比如《六国论》一文的阅读重点之一是从字里行间找到六国灭亡原因的依据，说出自己的看法，并复述课文和学习课文布局谋篇的思路。但我听过一节课，教师把教学的重点放在了介绍当时的时代背景上，把语文课上成了历史课……至于语文课被“异化”为音乐、美术等大杂烩的例子也不少见。没了琅琅读书声，没了唰唰翻书评注，没了孜孜思索，没了细细咀嚼，没了欣欣顿悟……总之，过多地去搞课外延伸，大大冲淡了“语文味”。各学科沟通的潜台词是“淡化学科界限”，加强学科间的纵横联系，注重学科间的整合。这样所谓跨学科“整合”的初衷是好的，但实施起来着实令人担忧：学完一节课后关于语文的知、能、素养的收获得之甚少，这无疑缺少了些许语文味。我想语文课无论如何创新，必须抓住语文的核心素养，不能忘了语文课的根本和学科特色。

（四）答案丰富多彩，无度的“自主”

学生是学习的主体，他们的独特体验是一种珍贵的教育资源。与传统教育相比，现代教育使我们越来越深刻地认识到学生资源的发现和利用是我们今天教育生命的希望所在。尊重学生的独特体验才能培养学生的主体

意识和创新精神，才能使课堂焕发出生命的活力，才能使学生的生命得以自主地发展。但是，这并不意味着我们对什么都可以熟视无睹，什么都可以听之任之。如果是没有基本准则的多元理解，是不是也就等于无元呢？

这里强调的一点是“我们让学生表达自己的观点，不等于课堂由学生说，不等于说所有问题就没有答案，也不等于说教师就不能‘明示’。”学生阅读文章的独特感受，再现了学生的心灵世界，这些感受合理、准确、真实，是在尊重文本基本价值基础上的独特体验。但教师在强调尊重学生独特体验时，不要忘了文本是语文教学的根本；而在强调文本，在文章读懂的时候，也不能忘记孩子的个性、孩子的主观体验。教师应让学生的答案丰富多彩，且尊重文本的基本“准”度，那才是有意义的“自主”。

（五）指向阅读结论，回溯文本查原因

王荣生教授对《哦，香雪》课例的评析，给我们带来对阅读教学的思考。

从老师在课堂里实际教学的情况看，教学内容更多地指向一个结论，即这篇小说的主题是什么，或者应该是什么。对这堂课“实际在教什么”，大概是两个方面：一方面是通过细节得出结论，比如“看火车”，有若干细节，那么根据这些细节可以推断小说的主题是什么；另一方面是在阅读时形成了对主题的某种认识，然后寻找更多的细节来进一步印证该主题——就像老师在上课时反复提醒学生“找到了哪些材料？”“有哪些证据？”等。

《哦，香雪》的主题思想是A，还是B？如果说是A，为什么？如果说是B，又是为什么？我们延伸开来，比如教《药》。《药》的主题是什么？这个问题有几种说法，老师组织学生讨论，得出其中的某一说法是正确的结论。《项链》的主题有很多种，比如A、B、C等，教师组织学生讨论，得出某种主题比如A是正确的结论。这样整个教学就会指向一个既定的、相对单一的、老师认同的结论，而B答案就被封死了，C答案教师在教学中可能根本不会提到。这是我们讲小说等文学作品时一个“常态”的路子。

但这条路子不妥。对一部文学作品的理解，很难指向一个确定的结论，除非是经典作品。我们很多作品（比如《哦，香雪》）一般适合用来教阅读的方式。教师在教学的时候，不是先确立某一个观点（即对小说主题的认识），然后再看有哪些细节可以支撑我的这一观点；而应该倒过来，先读作品中的某些细节，看这些细节有哪些理解，再从这些细节中去探寻作品的主题。换句话说，文学作品的阅读教学，立足点不是用材料（作品中的细节）来论证观点（我对小说主题的认识），而应该是对作品——这节课作品中细节的欣赏理解。

对作品细节的理解与读者对主题的认识，是双向的关系：细节的理解形成了主题的认识，对主题的感受又影响着对细节的理解。比如对香雪的自动铅笔盒到底怎么看，对香雪夜归时在头上插根枯草应该怎么看，这些问题是与预设的主题相联系的。也就是说，小说中的细节，并不是固定的材料，同一个细节可以有多种理解。对主题不同的认识，不仅仅是由于大家关注到了不同的细节，而往往是由于各人对同一个细节有不同的理解。小说中的细节，本身就含有多种理解的可能。

（六）语言规范性意识淡薄

我们走进课堂（随堂听课，或参加观摩活动）常常会见到这样的现象：老师先是让学生自主学习，质疑问难，再是给学生解答疑难。某一位学生会就某一个问题自由地畅谈，言语中或许会出现一些不通畅、不连贯的问题，老师就会评上一句“你想说明的意思我明白”，而后就叫另外一位学生继续表达自己的看法。随后的几位同学也不会注意倾听别人的意见并加以吸收，仍然自由发挥，说了一通表达自己观点的内容。最后一位同学或许在言语组织上仍不符合规范，但见解上比较有新意，老师就对其大加赞赏……

众所周知，语文课是学习者接近、理解语言文字，感受语言文字魅力，学习语言文字整合技巧，并较为成功地外化为各种（书面的、口头的）“言语作品”，逐步形成能够独立听说读写的“言语能力”的课程。说“白”一点，语文课是学习怎样把“话”说“美”，把文章写“美”的一门课。如果我们的语文老师仅满足于学生自主学习浅表化的成果——能够自由表达自己对文本的理解，而不考虑其言语表达是否正确、是否通畅、是否具有文采、是否具有一定深度，那是不是缺少了作为语文老师对学生语文素养的正确引导呢？

语文是一门学科。作为一门学科，其就有自己的课程价值，就有自己的课程目标，就必然有强烈的“功利色彩”——每一节课达到一点有关言语能力培养的收获，每个单元、每个学期、每个学年达成一定言语能力的提高目标。正是语文的“功利价值”，才使语文课具有长久的生命力。如果一位语文老师对自己的语言使用就很随意，也便不会对学生的随意性语言有感觉，使语文课除了能让孩子“自由发挥”以外再无什么“功利价值”。那么，将有一部分的学生连最基本“文从字顺，内容具体，思想健康”的小作文都难以完成。

（七）认为活动就是讨论，有课必讨论

课堂教学中的学习讨论是有效学习活动的一种必要手段，目的是充分交流、碰撞，激发出互补共生的学习收获（认知的、感悟的、表达的）。这种收获的生成，需要时间，需要教师的有效点拨，需要生生互动的过程及其活动气氛的培育。如果没有过程，没有交流，没有形成激发学习的氛围，没有收获，便等于没有活动。因此，课堂教学中的学习讨论要充分。当然，学习讨论要适度，而不能过度。把活动当作课堂教学的标配，有课必有讨论，为活动而活动，反而冲击了教学主题和学生学习时间，忽略了讨论是为学生自主合作探究解决问题而设置的初衷。同时，教师要明确我们上课所设置的活动——讨论也好、质疑也罢，关键在于，活动设置要依学情而定，要恰到好处，要有价值；然后再确定我们讲什么、怎么讲、讲多少，对于该讲的（学生不懂的）就是要讲清、讲透。

（八）不恰当使用多媒体课件，甚至滥用

听课中我们会看到：不恰当的多媒体课件充斥着各种场合的公开课、

评优课，也殃及日常的语文教学。在课堂上过度使用集中了大量声音、图像信息的课件，会挤掉学生读书的时间，使学生丧失真实阅读的机会；而且过于直观的视觉冲击，也容易干扰学生的形象思维。于是学生朗朗的读书声在多媒体“辅助教学”的冲击下日渐消减，学生的思维时空在多媒体的泛滥展示中渐趋狭窄，学生对文本言语的感悟在多媒体富有动感的演示中浅尝辄止……为了追求所谓的多媒体展示的视觉效果，而使言语欣赏、积累、运用等本色的“语文学习”退出语文课堂的舞台，岂不是有与“语文味”背道而驰之嫌？“乱花渐欲迷人眼”，斑斓未必皆春色，朴素、平常才是真。

以上是我们语文常态课课堂中一些常见的问题，供我们反思和警醒。那么如何上好一堂常态课呢？我将一些语文界名家、名师及自己关于改进语文课堂教学的策略和专业提升的思考分享如下。

二、语文课堂教学改进策略与专业提升

教学界有一句俗语：教学有法，教无定法。一般来说，一堂课应该是在新课程理念指导下，依据《课程标准》要求，根据学校、班级、学生实际，结合课程资源、教师水平、教学条件实际进行设计；在教学过程中，采用适合自己学生的教学方法，目标明确、教学流畅、思路清晰、重点突出、难点突破、疑点解决、盲点扫除，学生思维充分、理解透彻，教学目标有效达成。概括地说就是：理念新，方法活，思路清，教学有效。

具体来说，我主要有以下几点分享。

（一）语文教师要转变教育思想观念，增强两种基本意识

我们教师转变教育思想观念，需要从宏观上树立教书育人为中华民族培养德智体美劳全面发展的新型人才观念，需要树立为社会主义建设服务的观念，重在开发智力、培养能力的观念，需要树立语文教学必须适应时代要求积极进行改革的观念等。

在此前提下，教师要增强两种基本意识。

一是语文教学“最根本”的目的任务在于培养学生听说读写的语文能力，在于使学生切实掌握语文这个交际工具。

二是语文教学应该联系实际，使学生“学以致用”。

语文课堂应以培养能力为主，包括语文课特定的学科能力，各学科共性的创新能力、自学能力，以及理解分析和解决问题的能力等；应体现“学生为本”的教育观念，应把学生看成是学习的主体、学习的参与者，而不是次要的位置和单纯被灌输的容器等。

（二）语文教师要以教材为示范，对教材正确理解和把握，教学生阅读方法，达到举一反三的实效

叶圣陶先生历来提倡以教材为示范，指导学生掌握阅读的方法，提高阅读同类书的能力。对于语文教材的功能，他曾明确指出：“语文教材无非是例子，凭这个例子要使学生能够举一反三，练成阅读和作文的熟练技能。”“举一反三”，这是叶圣陶语文教材功能论的科学体现；而他所说的凭借“例子”，又是“举一反三”的最好注释。他说：“语文教本只是些例子，从青年现在或将来需要读的同类书中举出来的例子；其意是说你如果能够了解语文教本里的这些篇章，也就大概能阅读同类的书，不至于摸不着头脑。”这里，他所追求的是适应学生“现在或将来”的“需要”，“能阅读同类的书”，同样着眼于素质而并非为了应付考试。

（三）还学生朴素、真实、安静的学习环境

真实的阅读环境应该是比较安静的，朴实无华的，教师不做太复杂的课件，也不随意去给学生创设一种模拟的情景、画面，不随意宣泄自己的情感。因为在课外阅读中，没有人会喋喋不休地对学生表达自己的感悟，而需要学生自己根据文字创设情景体会感受，将自己沉浸到文本中去，去寻找感兴趣的内容，去品味、咀嚼精彩片段，去体会人物内心情感变化……只有个体静心阅读的时间比较多、潜心感知教材的时间比较充裕，才能使学生渐渐地培养静思默想的习惯，提高实际阅读能力。

（四）为“用”而学，习得是关键

学而能用为真学。语文课要强调语文能力的“习得性”或者说“实践性”。读写的能力都属于智力技能。根据心理学家的研究，智力技能和动作技能在获得的途径上是一致的，必须依靠个体反复多次地练习。听说读写等语文技能就像游泳或是踢球这些动作技能一样，靠教师分析规律、讲解要领会有一定的效果，但真正要形成技能还是需要学习者自身反复的练习，同时必须保证一定的训练量。因为学生的语文能力只有在语言实践活动中才能有效形成，所以课堂教学应该保证有足够的时间进行以学生为主体的语文实践活动。

（五）切合学科特性，科学有效地进行课堂活动的设计

语文本身是活动的产物，有的是活动画面的描写，有的是活动场景的描写，有的是活动细节的描写，有的是活动心理的描写，有的是活动内容的演绎，有的是活动理念的解读，有的是活动现象的评析，有的是活动问题的思索，等等。《论语》中最具代表性的篇章《子路、曾皙、冉有、公西华侍坐》记录的就是孔子与弟子的一次谈话活动。现代生存与发展实力的标志与权衡逐渐转向“活动”能力，因为面试、应聘、组织、策划、推介、协调等所需的智商、情商在活动效果中更易见分晓。语文源于活动，用于活动，语文的魅力只能在听、说、读、写、思、用的活动中，去品、去悟、去提升。这也决定了语文教学的设计很大程度上就是课堂活动的设计。科学有效地进行课堂活动的设计，会让语文课堂“活起来（思维）”“动起来（听说读写）”“乐起来（感兴趣）”。以学生发展为本的课堂，理当是快乐的、活动的课堂。

此外，语文老师广博的阅读、专业知识的积累、教学艺术的探究等均是上好语文课的必备要素，在此不再一一列举。

当然，教学策略永远是有限的，只有创造是无限的。如果我们能运用

科学方法观察课堂的进程，使教学设计从技术走向人本，从仅仅关注研究教材到关注研究学生，研究学生的心理发展规律和情感提升的适度空间，并且通过行动研究去构建教与学的新方式，那么我们的教学改革才会向更深处漫溯。

回归语文本色，我们应当更重视语文这门课程对于学生更好、更自觉地运用言语交往活动能力，即听说读写能力的重要功能，让我们的学生通过语文学习形成现代社会人必须具备的运用语言文字的能力，这是我们语文老师应有的共同追求。

第六节 “亲其师、信其道”之密码

教育，从某种角度讲，是一种春风化雨、润物无声、潜移默化的影响。作为教师，对于学生有效教育的前提和根本是能否让学生“亲其师、信其道”。

我们都知道“亲其师、信其道”是教育教学的重要规律之一，更都从正、反两方面经历和体验过“亲其师、信其道”的巨大影响力。学生很可能因为你，而喜欢学习你所教的学科，从而学出兴趣，学出“门道”，学出自信，学出“成就”，或由原来不喜欢学习你所教的学科转而开始喜欢你所教的学科，或原来没有学好的学科开始变得易学和会学；也有可能因为你，而不爱学习你所教的学科，甚至使原来喜欢的学科变成不喜欢的学科，原来优势的学科成为现在的弱势学科。因此，“亲其师、信其道”是我们教育教学艺术的出发点和落脚点。

我们虽然都曾体会到“亲其师、信其道”的巨大影响力，也比较注重亲近学生、关爱学生、帮助学生，和学生打成一片；但是，我们所给予的重视和思考却还远远不够，所下的工夫和耐心还远远不够，我们甚至往往忽略其巨大的影响和作用，使我们的教育教学效果事倍功半、欲速不达，甚至是适得其反，伤害学生，工作被动，误人子弟。

那么，让学生真正“亲其师、信其道”的密码是什么？

通过反思自己的教育教学实践体会，及借鉴众多优秀教师的成功经验和教训，我总结梳理出使学生真正“亲其师、信其道”之密码，如下所示。

密码 1. 亲切和蔼，修炼人格魅力

要想使学生“亲其师、信其道”，老师应该首先亲近学生、相信学生，学生才能亲近老师、热爱老师和信赖老师。因此，教师给学生的良好第一印象应该是和蔼可亲，面带微笑，亲切自然，语气平和，细心耐心，善于正面表达，对学生充满信任、欣赏、喜爱和真诚的关怀。而这美好的第一印象是一名优秀教师良好修养的自然流露，它包括教师的高度责任感，坚定的教育信念，对教育规律的充分理解和运用，积极乐观的人生态度，较高的教学技能和严谨求实的工作作风，对学生的了解、理解和包容，良好的言行修养和端庄得体的仪表等优秀素质。教师这种良好的印象是教师自我内在修炼的自然反映，其形成了教师的人格魅力。从某一角度讲，教育应该是一种深远的影响。老师通过春风化雨、润物无声的身教影响凝聚学生、养成学生，做到教学相长，师生共同健康快乐成长，使学生形成积极的人生态度、健康的思想情感和良好的行为规范，正所谓“身教胜言教”。因此，一名优秀教师的良好素养所形成的人格魅力是最好的教育，也是一种强有力的隐性教育资源。

优秀的教师总是注重为人师表，行为世范，以不断地自我完善提升自己的人格魅力，成为学生的良师益友和崇拜的“男神”“女神”，形成强大的教育磁场，生成巨大的教育正能量，创造出使学生健康快乐成长的良好环境，促进教育教学的良性循环发展。

密码 2. 了解学生，欣赏喜欢学生

教师要想亲近学生，走近学生内心，就要善于了解每一个学生的成长经历和学习情况，发现每一个学生的性格特点、个性优长和进步亮点，学会与学生换位思考，真正理解学生，摸准学生的思想情感脉搏，真诚欣赏他们，真正走进学生的内心世界。这是我们与学生有效交流沟通的前提，是我们有效引领学生、因材施教的基础。只有了解了，才容易理解；只有理解了，才能开始欣赏，才能真正开始喜欢。理解和欣赏是一种有效的亲近和沟通。因此，我们只有真正了解学生、理解学生、发现欣赏学生、喜欢学生，才会有学生对老师的亲近、热爱和信任，才会有学生真正的“亲其师、信其道”。

密码 3. 激发自信，指导习得方法

毕业多年的学生最感激老师的往往是老师的信任和鼓励，因其给了学生追求理想、克服苦难和战胜自我的自信心。优秀的教师往往注重给学生“信其道”的自信心，使学生能够看到希望，感到可能，尝试到有效，体验到成功，这一点很重要、很根本、很关键。事实上，学生“信其道”的程度不同，其努力程度也就不同，结果自然也不同。同时，学生也需要在老师的细心耐心指导下习得方法，从而获得“信其道”的成效。因此，老师应当注重不断激发学生的自信心，给学生鼓励，帮助学生看到自己的无限发展潜质，并辅以方法指导，使得学生能够充分体验到尝试的成效和坚持的成就感。这是使学生“信其道”不可缺少的重要环节。

密码 4. 相信放手，培养学生自主

人与人之间的交往往往是你信任他，他才容易信任你；你若不信任他，他便很难相信你。师生的相互信任更是如此。老师对学生的信任往往给学生无限的激励和巨大的自主发展动力。老师越信任学生，学生的表现越优秀；老师越放手学生，学生的自主性越强；老师越依靠学生，学生的创造力就越强。学生由此获得自主发展的自信心和成就感，形成自主发展的良性循环。学生自主发展能力强了，就更有了“亲其师、信其道”的基础，“亲其师、信其道”就会成为学生的思想情感和信念。事实上，教书育人根本的“道”正是培养学生健康思想情感、自主性和自主发展的能力。而只有充分相信学生、充分放手学生、充分依靠学生，才能够真正培养出学生良好的自主性。因此，优秀的教师非常注重充分相信学生、充分放手学生、充分依靠学生。

密码 5. 走进内心，成为良师益友

要想学生“亲其师、信其道”，教师就要作为与学生平等的普通一员，有一颗未泯的童心，想学生之所想，做学生之所做。教师应当喜欢经常深入学生中间，如课堂、课间、文体活动、郊游、社团活动、学校劳动，等等；在深入学生过程中，与学生平等交流，赢得学生的信任，并虚心向学生学习（现在的学生知识面很广、信息量很大、视野很开阔），适当获得学生的“帮助”，给学生信赖感和成就感，使自己与学生融为一体，成为学生的良师益友。

在学校的各项竞赛活动中，老师更要给予足够重视，细密思考，精心设计，充分发挥学生的积极性和创造性，碰撞团队智慧，凝聚团队力量，争创团队荣誉，升华集体荣誉感。

密码 6. 心有故事，智慧幽默育人

人人爱听好故事，学生更是如此。同时，学生听故事，是作为旁观者，往往头脑冷静清晰，易于感受到不同角色、不同人物的思考角度和思想情感，易于理性思考以理解故事中的思想情感，从而换位思考和理解，丰富学生的阅历，让他们从中受到启迪，联系自身，教育自我，形成正确的人生观、价值观和健康的情感，获得潜移默化的教育。

讲故事是一种很好的间接教育，有时比直接教育更有效。它给学生充分自我理解、自我教育和联系自己实际的时间和空间，是一种非常有效的引导教育方式，潜移默化，润物无声，陶冶情操，启迪智慧。

好故事中有大千世界，有健康情感，有幽默智慧，有人生思考，有感动感恩，充满正能量。

学生非常喜欢有故事的老师。他们视有故事的老师为博学多才的老师、幽默智慧的老师、情感丰富的老师。这些老师是学生最愿意亲近的老师，也是对学生影响最深远的老师。

积累好故事，学会讲好故事，是我们教师的必修课，更是优秀教师的育人智慧，也是学生“亲其师、信其道”的密码。

密码 7. 创设活动，充分体验成功

教师应当创设学生喜欢的活动，让每一个学生都能体验到成功的快乐。因为世界上没有相同的一片叶子，如果仅以学习来评价一个学生的成功与否，那不仅有悖素质教育的本真，更违背了人性的发展规律。活动是对学生生命力的一种激活，是对学生的一种解放，是学生发展兴趣爱好、发挥个性优长、体验成功的机会和平台，是培养学生社会交往能力的一种平台、训练和习得，是对班级团队的一次凝聚，是对学生团队精神的一种培养，是学生充分体验互帮互助、团结友爱、温暖和谐的平台，是同学间、师生间情感升华，融为一体的平台。

创设学生喜欢的活动，可以使学生感受到，老师真正理解他们，知道他们的兴趣爱好；真正关心他们，让他们开心快乐、展示优长、体验成功；真正为他们的发展着想，是他们人生发展的真正贴心人。由此我们便可走入他们的内心世界。

优秀教师往往放手学生去充分设计自己喜欢的活动项目，也会常常参与策划，提出建议，适当留白。

密码 8. 公平民主，营造团队和谐

学生对老师的平等待人、公平公正最为敏感。一旦老师的思想情感有偏颇，进而造成老师工作安排和处理问题时的偏颇，就会给学生思想情感造成很大的伤害，师生间的思想情感就会疏远，学生间、师生间的和谐就会遭到破坏。因此，老师在工作安排、处理班级事情时，要细心严谨，考虑全面周到，善于与学生换位思考，坚持民主思想，走群众路线，坚持公平公正原则，注重班级团结和谐，充分预测工作预设效果，把握好工作的度，从而赢得学生的理解、支持和信赖。

学生对老师的期望是完美的。但是，只要老师对学生真心关爱，当学生亲近和信赖老师后，他们又是对老师最理解和最包容的。老师对学生的真心关爱也培养了学生的包容心，而一个人的包容心又往往成就了他的事业和人生幸福。

和谐就是很好的教育，更是师生开心快乐、健康成长的良好环境，是幸福的根本内涵，是需要我们老师高度重视的班级建设目标之一。

密码 9. 换位思考，勇于反思担当

学生成长、成熟和发展是需要过程的，学生健康的思想情感形成和良好的行为习惯养成也是需要时间的，因此，学生在成长过程中出错、犯错都是正常的。教育的规律是不能拔苗助长，是欲速则不达。我们要有一种静待花开的信念和境界，最要不得的便是“恨铁不成钢”的急躁和简单粗暴。

当学生有了言行偏差、犯了错误时，我们要了解情况，找到背后的真正原因，换位思考，多一些理解和包容，给学生自我改正的意识和方法。同时，老师要善于反思自己是否因材施教于前、防微杜渐于前，勇于担当自己的责任。这样的心态才是与学生沟通交流的良好基础和开端，才能有好的教育效果。教师要注重在批评学生时讲求艺术，给足面子，找准原因，纠正错误观念、思维逻辑和偏颇心态，最终达到让学生自我教育、吸取教训、自我管理约束、杜绝重复犯错的目的。

事实上，学生犯错也是很好的教育契机。人人都是从自己和他人的经验教训中获得启迪和成长的。优秀教师就善于抓住教育契机，从事件中说“理”说“情”，明确是非，破解学生心结，使学生学会积极处理问题的智慧和方法，受到良好的教育，把“坏事”变成了“好事”。

密码 10. 不断完善，升华身教言教

生活即教育，教育即影响，身教胜言教。有调查显示，人接受外界信息，主要靠视觉和听觉，其中视觉占 83%，而听觉只占 11%，因为形象比观念更易于学生接受。所以教师应多用自己的“身教”来代替“言教”，这样教育效果会更好。因此，最好的学校教育就需要有能够经常自觉不断完善自己的优秀教师，最好的家庭教育就需要拥有优秀品质和修养、不断改进自己的家长；最好的社会教育就需要有不断自我改造、自我完善的社会发展机制。

教育无止境，学习无止境。作为优秀教师，我们自然会有“活到老、学到老、改造到老”的自我修身追求，自然会有豁达放手、不教而教、潜移默化、润物无声、静待花开的从容境界。

后记

“学而不思则罔，思而不学则殆。”我庆幸自己在不断学习、探索和实践中逐步修正和完善了自己的教学理念和教学实践，找到了一条通往学生乐学、教师乐教、师生和谐共同健康成长的语文教学改革之路，感受到了教学实践中“柳暗花明又一村”的新天地，更加坚定了自己的语文教学改革信念，执着并快乐于“双主式”语文教学的探索实践之中。

路有曲直，履之者知。理论到实践的路上充满挑战，只有坚持下去，才会体会花香四溢的喜悦。我在语文教学研究实践中遇到了很多实施前没有预料到的问题，在实践的路上可谓一路改革、一路坎坷、一路执着、一路思考、一路完善。这些问题时刻提醒着我，在改革之路上必须迈稳步子、夯实根基、久久为功，在一些细节工作上要精雕细琢、落细落实；同时要敢于啃硬骨头，“撑船不怕过险滩”“入深水者得蛟龙”，在改革的路上遇到困难和阻碍不能退缩，要想办法努力克服，实现自我超越！

在“双主式”语文教学实施过程中，我深深感觉到民主和自主的大气候还是远远不够，一些师生总是在“自主”和“他主”之间徘徊。为扩大实施成果，我今后的目标是在赢得更多共识和认同的基础上，进一步探索语文教改的规律、策略、方法和模式，真正让语文核心素养有效落地，在能力所及范围内促成更加浓厚的教学改革氛围，不断壮大教学改革队伍和力量。

学无止境，生生不息，教学改革实践永远在路上。我将继续追求师生和谐、自主快乐、健康成长的教学理想，在理论学习和专业积淀方面不断充实和提升，继续深入开展“双主式”语文教学模式理论研究和实践，坚持团队实践与创新，扩大实践成果，为学生、为同行、为教育教学进一步摸索出更有效培养学生语文核心素养的规律、模式和方法，以唤醒学生、解放学生、成就学生，同时也解放教师、成就教师，幸福教育人生！